経営思考の「補助線」

変化の時代とイノベーション

御立尚資

日本経済新聞出版社

はじめに

のっけから、三題噺《ばなし》めいた言い方になってしまうが、この本は、「補助線」であり、「カクテル」であり、そして「ゲーデル、エッシャー、バッハ」のようでもあると考えている。

「補助線」

子供の頃、算数、数学の類がどうも苦手だった。

ただ、頭がこんがらがってしまうような幾何の問題でも、先生や、数学が得意な同級生の手にかかると、「補助線」一本で、鮮やかに答えが目に見えるようになる。これを見るのは、胸のすくような思いがして、とても好きだった。

日頃、コンサルタントとして仕事をする中でも、一見無関係なことがらに目を移してみると、とても解がなさそうな難問に、思いがけず答えが、しかもユニークな答えが出てくるという経験を何度もしてきた。

今では、無意識のうちに、目の前にある課題から離れて「補助線」を探す癖がついてしまったようだ。


日経ビジネスオンラインに、二〇〇六年半ばからコラムを連載させていただくようになった。この本は、そのコラムに加筆・修正を加えて、出来上がったものだ。

当初の執筆時には気づかなかったのだが、コラムの相当部分は、ああでもない、こうでもないと「補助線」を引いた結果出てきた「自分なりの答え」について書いたものになっている。


したがって、経営、ビジネスについて書いたコラムなのだけれど、それらとは直接関係なさそうな話ばかり登場するし、話があちこちに飛ぶことも多々ある。

読者諸氏におかれては、この点、ご容赦いただき、できれば話が飛ぶこと自体を楽しんでいただければ、大変ありがたいと思う。

「カクテル」

さて、一見無関係なことがらを混ぜ合わせる楽しみというのは、補助線の場合のように「もともと解くべき問題がある」際にだけ存在するのではない。

社会人になって二年目に、航空会社のアシスタント・パーサーとして機内サービスにあたることになり、その訓練の一環で、カクテル作りを習う機会を得た。

「カクテル」というのは面白いもので、もともとの材料の持つ風味を生かしながらも、1＋1が3にも4にもなるような新しい美味が生まれてくる。

例えば、ドライマティーニ。

よく冷えたジンに少量のベルモット、そして極々わずかな量のオレンジビターを加え、ステアする。この段階で、それぞれの材料単体からは想像できないような風味が表れてくるのだが、さらにオリーブを入れて、レモンピールを絞りかけると、うーむ、書いているだけで飲みたくなってくるような飲み物に、いわば大化けするわけですね。

それぞれの材料は、どのメーカーのものが良いか、ジンに対するベルモットの比率はどうあるべきか、あるいは、適切な混ぜ方、提供時の温度は、などなど、ドライマティーニについては、ジェームズ・ボンドからチャーチルに至るまで、どうあるべきかについての意見が（伝説も含めて）さまざまだが、それもこれも、このカクテル自体が持つ「元の材料単体を大きく超える」魅力ゆえだろう。

本書所載のコラムの中で、補助線を引いてみたら、もともとの材料と化学反応を起こして、当初考えていたのとは全く違った話になってしまったものがいくつかある。ドライマティーニほど、時を越えて愛される魅力を持つ「カクテル」には仕上がらなかったけれど、「なるほど、AとBとを併せ考えてみると、こんな風になるのだ」とニヤリと笑っていただけると、著者としては幸甚至極であります。

「ゲーデル、エッシャー、バッハ」

『ゲーデル、エッシャー、バッハ　あるいは不思議の環』（ダグラス・R・ホフスタッター著、白揚社）という本は、知的刺激に満ちていて大変面白いのだけれど、七百六十五ページの大部であるうえに、内容が難しく、こちらがきちんと読んで理解できたのかどうか判然としない、という欠点がある。何しろ、二十周年記念版が出た時に、著者自身が「この本には、本当は何を書いたのか」という序文を付け加えたというぐらいの代物だ。

というわけで、私自身の理解が及ばない部分は捨象させていただくとして、同書は、数学者（ゲーデル）、画家（エッシャー）、音楽家（バッハ）という、生きた時代や専門分野が全く異なる三人の仕事について触れながら、首尾一貫して「形式」というものについて語っている。「形式」が意味を（そしてついには、意思を）持つようになるということが主題（のよう）であるが、「形式」というメタテーマを語るために、各章を凝りに凝った「形式」で書いた本である、といってもよいだろう。

日経ビジネスオンラインのコラムを本にしようと考え、読み返してみると、気づかなかったメタテーマ（すなわち、全体を通しての共通主題）が表れてきた。「二十一世紀初頭の社会と経営を取り巻く、大きな潮流」というテーマである。

詳しくは、新たに書き加えた1部第1章をご覧いただきたいが、我々自身うすうす気づいているように、日本の社会や企業経営、そのあり方に非連続的な変化を強いるような大きな潮目の変化がやってきている。それぞれのコラムの中で、その潮流に触れている度合いは、直接的なものから、ごくごく間接的なものまでさまざまだが、いずれもこの「潮目」という共通主題とかかわっていることに、いまさらながら気づかされた。

このため、本書はコラム執筆順にこだわらず、「潮流そのものの中身」「潮流の変化への積極的な対応策」「変化期を乗り切るためのリーダーシップのあり方」という三部構成に再構築してある。この構造を頭に置いて、お読みいただければと思う。

「補助線」「カクテル」「ゲーデル、エッシャー、バッハ」というのは、当然、私自身の思考プロセスだけを指したものではない。何らかの形で、読者の諸兄姉が日々いろいろとお考えになっていくうえで、この本自体が「補助線」として役立ったり、皆さんのお考えと交じり合って予期しない美味の「カクテル」を生み出すことになったりすることを、あるいは、読者ご自身の「ゲーデル、エッシャー、バッハ」的メタテーマ発見の一助にならんことを、という期待の表象でもある。

何より、「補助線」も「カクテル」も、そして「ゲーデル、エッシャー、バッハ」でさえも、娯楽、楽しみ、という側面があってこそ、その魅力が光る。

とかく経営に関する本は、肩に力が入ってしまうようなものが多いのだけれど、できればこの本は、肩の力を抜いて、楽しみながら読んでいただくことを、心から願っている。

経営思考の「補助線」　目次

1　潮の変わり目

2　潮に乗り、風を背に受けて

４章　変化できる「力」

５章　「変わる社会」あるいは「社会を変える」

3　潮に棹さす船頭さん

3章　新しい組織とリーダー像

デザイン　漆原悠一（スープ・デザイン）
イラスト　のりたけ

1

潮の変わり日

1章

波と潮流

最近、子供の頃に海水浴に連れて行ってもらった時のことを、よく思い出す。おそらく幼稚園児ぐらいだったのだろう。海水浴とは言っても、まだほとんど泳げず、岸からさほど遠くないところで、浮き輪につかまりながら波遊びをするのが楽しみだった。

少し高めの波が来ると頭からもろに海水をかぶり、下手をするとしたたかに水を飲む。うまくやれた時には、波に乗ったような形で大きく体が持ち上げられ、次の瞬間には波と一緒にすべり落ちていく。これが楽しくてしかたがない。今思うと、随分単純なことで心底楽しめていたものだ。

さて、こうやって波とたわむれていてふと気がつくと、岸から五〇メートルほど離れたところまで流されている。急に怖くなり、大慌てで浮き輪の力を借りながら、岸の方へ戻っていくことになる。

眼前の波だけに気を取られている子供は、沖へ向かって引いていく潮の流れに全く気づかない。潮の満ち引き、あるいは、海流といった大きな力の存在を、学校で知識として習い覚えてからも、目の前の波についつい目を奪われてしまうものだ。

ただ、知識がついてから、実際に沖に流されてしまった時の恐怖心は、それを知らなかった時の比ではない。もっともっと流されてしまうのではないか、ひょっとすると岸に戻れなくなってしまうのではないか。なまじ大きな力の存在を頭でわかっているだけに、より悪い想像がどんどん膨れてしまい、恐怖心に包まれてしまう。

最近の金融危機は、多くの企業にとって大変な「大波」だ。この波をどう乗り切るかということが、経営者にとっての重大事であることは間違いない。だが、「大波」の陰にはもっと大きな潮の変わり目がある。

現在は、うすうす潮の変わり目に気づいていたところに「大波」が来て、不安感が不安感を生むという状況にあるようだ。

金融危機以前から、企業や消費者の大部分は、日本を取り巻く大きな変化が起こりつつあることに、何となく気づいていた。新興国の台頭、資源・環境問題、情報・通信技術の進化——こういったものが組み合わさって起こり、ある閾値《いきち》を超えたところで、社会や経済に急激な変化をもたらす。その予感を持っていた人は多い。

一方、日本の政治システム、社会システム、そして企業は、これまでのパラダイムの中での漸進的変革だけに汲々として、大きな変化にとても対応できるようになっていない。これも多くの人に共有されていた感覚だろう。

変化の予感と対応力不足の認識。これが、社会全体の閉塞感や将来への不安感につながっていたような気がする。

そもそも今回の金融危機は、自国の金融機関への影響という観点から見ると、日本が先進国の中で最も良い位置にいたはずだ。しかし、実体経済への影響は、逆に日本が最も大きく受けている。この背景には、円安バブルに依存して、輸出頼りの景気回復だったという以外に、潮の変わり目を感じながらも、自らの対応力に自信がないという要因があるように思える。

企業も個人も、将来への不安感を募らせているところに金融危機が発生し、皆が「不安感の中で生き残りを図るためには、とにかく消費や設備投資、あるいは雇用を縮小させるしかない」という行動に出る。これは、個々の判断としては決しておかしくないのだけれど、いわば合成の誤謬《ごびゅう》の典型症状で、皆が自己防衛に走ることで、経済がどんどん悪化し、それがまた次の悪化を生むという状況になっているのだ。

ここから抜け出すためには、三つの処方箋が必要だ。

①「潮の変わり目」について、より深く理解し、自らへの影響をできる限り具体的にイメージできるようにする。
②政治・社会・企業の各システムを、変化に対応できるものへと変革していく。
③何よりも、リーダーが新しいリーダーシップのあり方を考え、身に付けることで、先の見えない中でも、明るく、楽しく、前向きの姿勢で組織を引っ張っていく。

どれも容易ではないけれど、とにかくできることから始めていくしかない。

蟷螂《とうろう》の斧、あるいは、砂漠の砂の一粒かもしれないが、本書の中で、この三つの処方箋につながるような「ヒント」を、一つでも二つでも見つけてくださる方がいらっしゃればとても嬉しい。

2章

外に目を転じれば……

携帯電話がバングラデシュの漁業を変えた

——新市場を作り出す「次の十億人」

電信電話という発明がなかったら、長距離鉄道輸送の発展は遅れただろうと言われる。鉄道の黎明期、例えば十九世紀の米国では、「何時何分にどういう貨物を積んだ列車が、どこの駅を通過したか」という情報を、沿線の各駅で同じように把握できることが、事故なく、かつ効率的に列車を運行する大前提だった。線路が単線だったため、複数の列車を鉄路上で同時に走らせるには、正確な情報に基づいて、どこでどの列車がいつ頃すれ違うかを推定しなければならなかった。電信電話の登場で、これが可能となったわけだ。

同様に、郵便制度が発明されていなかったら、商業活動の拡大スピードは、もっと遅かっただろうし、テレビやラジオがなければ、マス広告を前提とするさまざまな消費者向けビジネスも、現在のような隆盛には至らなかったかもしれない。

こういった「通信手段の進化が、世の中を大きく変える」という歴史は何度も繰り返されてきた。昨今では、インターネットの登場とその活用方法の進化に合わせて、世の中の大きな変化を予測することが、盛んに行われている。

貧しい漁師たちの経済状況が一変

日本にいると、ネット化が社会と経済に大きな影響を与えつつあるという感覚を覚えがちだし、それはあながち間違っていないのだろう。ただ、日本にフォーカスした見方から離れ、世界を見わたしてみると、もう少し前の世代の通信革命、例えば携帯電話（ケータイ）が、世の中と人々の生活を変えつつある例が数多く存在することに気づかされる。

特に、先進国以外の国々で、最貧層から抜け出しつつある〝ネクストビリオン（Next Billion　次の十億人）〟と呼ばれる人たちにとって、ケータイがもたらすインパクトは非常に大きい。

先だって日本経済新聞の紙上でも紹介されていたが、バングラデシュでは、ケータイが貧しい漁師たちの生活を大きく改善しつつある。ベンガル湾で小船を連ね、漁に出る漁師たちはグループで一台のケータイを所有するようになった。漁から帰り、港に着く前に、彼らが最初にすることは、ケータイでその日の魚の買い取り価格について、他のグループと情報交換することだ。

各港で水揚げを買い取る業者は、これまで価格情報を独占しており、漁師たちは、市況にかかわらず、業者の言い値で買い取ってもらうしかなかった。ところが、ケータイで各港の価格情報や他の漁師グループの水揚げ情報を得ることで、その日の妥当な価格レベルを知ることができる。価格についての情報を得てしまえば、以前より強い立場で交渉することも可能だし、場合によっては、高く買い取ってくれそうな別の港に向かうこともできる。ケータイによる情報格差縮小が、貧しい漁師たちの経済状況を一変させつつあるわけだ。

ケータイを持つことで銀行の口座開設が可能に

さて、これも日本にいるとピンとこないのだけれど、多くの国で銀行サービスを受けられない人たち（「アンバンカブル（unbankable）」と言われる）が相当数存在する。米国ですら、移民や低所得層を中心に人口の一〇％前後が銀行サービスの埒外《らちがい》にあるのだ。低開発国の場合、銀行の店舗投資に見合う地域が限られていることもあって、人口の五割以上がこういうアンバンカブルな人たちであることも珍しくない。

最近になって、こういった人たちがケータイのおかげで銀行サービスを享受できるようになってきている。ケニアでは、ケータイを持つと電話会社に口座を開くことができ、銀行の店舗やATMなど存在しないような田舎に住む、別のケータイユーザーの口座にも、送金することが可能になった。

ザンビアでは、電話会社によるセルペイというサービスを通じて、クレジットカードやデビットカードのような決済、さまざまな料金の支払い、そして、お金の送金・受け取りができるようになった。二〇〇六年には、このサービスを通じた資金の流れは、ザンビアのGDP（国内総生産）の二%に達したとされている。

よく知られているように、固定電話網が発達していなかった国々では、携帯電話網を広げる方が容易であり、発展途上国でのケータイ電話の普及は目を見張るものがある。これを使って、これまで銀行のサービスを受けることが不可能だった層に、一定の金融サービスが提供できるようになった。

小額の貯蓄やローン、そして、スモールビジネスを営むうえで不可欠なお金のやり取り。貧しい層が、経済的に自立し、スタートを切っていくうえで、どうしても必要な最小限の金融サービスが、ケータイという通信手段の普及によって、初めて手に届くようになったのだ。

巨大な消費者になり得るネクストビリオン

最初に述べたように、生存ぎりぎりの貧困層からは抜け出しつつあるが、多国籍企業が通常ターゲットとする「中流」には達していない、「貧困以上、中流未満」の人たちは、BRICs（ブラジル、ロシア、インド、中国）やアジア・アフリカ・中南米の発展途上国を中心に、十億人以上存在する。

彼らがもし一つの国だったとすると、そのGDPは世界各国の中で十番目の大きさになる。スペインの次だが、ブラジル、ロシア、インド、韓国、そしてメキシコよりも上だ。グローバル社会が彼らをサポートし、豊かな中流層の仲間入りをしてもらうことが重要なことは言うまでもない。消費者市場として大きな意味を持つ層がこの規模で存在するのである。

ただし、彼らをターゲットとしてビジネスを展開していくのは、そう簡単ではない。既存の中流以上を対象としたビジネスモデルでは、経済性が合わないためだ。将来は大きな潜在購買力を有する層でも、そこに達するまでの間、既存ビジネスのコスト構造では、なかなか儲からない。

先進国型のビジネスモデルを見直す

ビジネスとして意味のある形で彼らに商品・サービスを提供していくうえで参考になるのは、彼らが居住する新興国の企業のやり方だ。いくつかの新興国企業は、先進国流のモデルにこだわらず、各国・地域に既に存在するさまざまな組織やインフラを活用して、低コストモデルを組み立てている。

例えばインドのムンバイには、ダバワラ（Dabbawala）という百二十五年の歴史を持つ「非常に安価な手間賃で、家庭で作ったお弁当をオフィスに届ける」サービスがある。五千人の男たちが、一日に二十万件のお弁当を集荷し、主として自転車や徒歩でオフィスまで届けるネットワークなのだが、大きな配送遅れや誤配は、六百万回に一回しかないという、驚くほど正確無比なシステムだ。（ちなみに、ＩＴの手助けなしにシックス・シグマ並みの配送品質を提供する仕組みは、さまざまな学者や企業の研究対象になっており、ハーバード・ビジネス・スクールはダバワラについてのケース・スタディを作っている）

ある携帯電話会社は、彼らと交渉し、ＳＩＭカード（電話番号などの個人情報を記録し携帯電話に差し込んで使うカード）とプリペイド分の領収書を届けるネットワークとしてダバワラを活用することにした。従来のケータイのサービスモデルのようにユーザーを獲得するための店舗網を一から作っていたのでは、所得が低くごく限られた時間だけケータイを利用したいという「不採算」顧客を取り込むことはできなかった。しかし、ダバワラを自社の宅配部隊として活用し、自社と契約するために送金してくれた顧客だけに、街で買ったケータイが利用可能となるＳＩＭカード（と領収書）を安価に送付できる「店舗網を持たない集中コントロール型」のモデルを作り上げた。これにより、店舗網への投資を削減し、「不採算」層を十分に儲かる顧客に転換することに成功した。

ネクストビリオンを十分に採算の取れる顧客とし、直接・間接に彼らが中流に向かって歩んでいくのを支援する。これを可能にしていくためには、先進国型のビジネスモデルにこだわらず、「コスト構造をどれだけ変革すれば、採算が取れるのか」「そのために、その国・地域で活用可能な組織・インフラあるいはネットワークは存在しないか」、ということを虚心坦懐に眺めていくことが必要となるのである。

日本企業もＢＲＩＣｓやその他の発展途上国に、大きな市場投資を続けている。その成功のカギは、案外、従来ターゲットとしてきた富裕層や中流層よりもう少し下にあるのかもしれない。

（二〇〇七年七月）

「グローバリゼーション」から「グローバリティ」へ
――世界市場を巡る競争の新ステージ

グッドベビー（Goodbaby）、パールリバー（Pearl River）、エンブラエル（Embraer）、そしてＢＹＤ。これらは、あまり耳慣れないかもしれないが、ある共通点を持つ企業の名前だ。ご存じだろうか。

これらの企業は皆、それぞれ特定の分野でのグローバルナンバー1企業である。そして、すべて新興国発の企業だ。

グッドベビーは、世界最大のベビーバギーメーカーで、中国市場で八〇％という驚異的なシェアを有し、米国、日本など世界中の市場でシェアを高めている。パールリバーとＢＹＤも中国企業だ。パールリバーはピアノ、ＢＹＤはニッカド電池で、世界一の企業である。一方エンブラエルはブラジル企業だが、百二十席以下の商用ジェット機市場のグローバルリーダーだ。

世界経済に起こった構造変化

彼ら以外にも、ＢＲＩＣｓを中心とした新興国出身のグローバルナンバー１企業が次々と登場してきている。

もちろん、こういった「新興国」企業群の勃興は、今に始まったことではない。古くは二十世紀初頭、英国を中心とした欧州の工業分野での覇権に対し、米国企業が競争を挑み、結果的には、機軸通貨がポンドからドルに取って代わるほどの大きな変化をもたらした。一九七〇年代から八〇年代にかけては、日本企業が新たな挑戦者として登場し、先進国工業化社会において日本が高い地位に着くに至った。

これまで企業のグローバリゼーションは、米・欧、そして日本という先進国企業が世界市場に進出し、その活動範囲を拡大するという文脈で語られることが多かった。

しかし、二十一世紀に入ってから起こってきているのは、（現時点での）新興国企業も巻き込んだ、グローバル規模での競争だ。

この新たな競争環境の背景として重要なのは、この間の世界経済全体の構造的な変化であろう。

二十世紀後半に、世界の人口は約三十億人から六十億人以上へと、ほぼ倍増した。またこの間に、世界全体での識字率は、五割から八割へと大きく上昇している。人口増と識字率上昇を掛け合わせて考えると、工業化社会の担い手、働き手となり得る教育レベルの人々の数が、大変な増え方をしたと想定しても間違いなかろう。

当然ながらこういった「工業化」する働き手は、次第に所得レベルを上げ、自分自身がより高い購買力を持つ中流層になっていき、工業製品の需要を押し上げる。国レベルで考えると、米・欧・日に加えて、世界中の新興国に、「世界の工場」と「その市場」の両方が拡大していったと言うこともできよう。

私の同僚のボストン・コンサルティング・グループの専門家たちは、この新しい競争環境を、「グローバリティ」（Globality）という言葉で呼ぶようになってきている。これまでの先進国中心のグローバル競争と区別し、その質的な違いを明確にするためには、従来の「グローバリゼーション」という言葉では、不十分だと考えたかららしい。

グローバル企業への条件

もちろん新興国でどんどん登場してくる新しい企業のうち、一定以上に成長できる企業はごく一部だ。自国市場を超えて真にグローバル化できるのは、さらに限られている。面白いことに、こういったプレーヤーには、いくつかの特徴がある。

まずは、コスト優位継続へのこだわりだ。一ドル三百六十円時代の日本企業がそうであったように、当初は人件費が相対的に低いことが最大のコストメリットだが、自国通貨の上昇、そして先進国も含めたグローバル市場への展開が進むにつれ、その優位性は薄れてきがちだ。

これを乗り切るために、(これまた過去の日本企業とよく似ているが)規模のメリットを得ることを目指して、グローバルシェア獲得を最重要目標とする企業が多い。また、部品やプラットホームの共通化といった設計段階からのコスト低減策にも積極的だ。

インドのマヒンドラ・アンド・マヒンドラは、仏ルノーと提携してローガンという車種を生産・販売するに当たって、もともと東欧向けに低コストで作られていた同車の製造コストを、さらに一五%低減させたという。

次に、人材確保。インドと中国での理系大学卒は、年間百五十万人近くにも達し、米国の一〇倍以上になる。こういう報道がなされることは多いが、だからといって、新興国のグローバルプレーヤーが人材獲得に苦労しないというわけではない。

先進国の多国籍企業も、既にインドや中国での優秀な人材獲得に本腰を入れており、現地通貨ベースでは考えられないレベルの報酬を提示することも多い。

また、グローバルプレーヤーたるためには、先進国での人材確保も避けて通れない。グローバル化を果たした新興国プレーヤーの多くは、この点を十分に認識し、優秀な人材の早期の囲い込み、そして採用後の育成に早くから力を注いでいる。

中国の家電メーカー、ハイセンスは、大学と提携してエンジニアリング専攻の大学院を新たに設けたり、社員向けのＭＢＡ（経営学修士）コースを開設したりしている。

コストや人材へのこだわり。これは、何も新興国発のグローバルプレーヤーだけに重要なことではない。先進国の既存プレーヤーにとっても、競争力維持のために避けて通れないことだ。

特に、「失われた十年」の間に、「人」への投資という美点を失ってしまった一部の日本企業、あるいは、「低価格セグメントでは、新興国企業に勝てない」と諦めてしまい、結果的にグローバルでの規模確保ができなくなってしまった日本企業には、大事な教訓だろう。

高い志、大きな夢

ただし私自身は、グローバリティの時代に日本の企業、そして日本の経営者が学び直すべきなのは、新興国グローバルプレーヤーたちの高いアスピレーション（志、夢）だと思う。

地方の学校教師だったグッドベビーの社長は、最初にベビーバギーの工場用に土地を買った時、工場の上屋や設備を差し置いて、まず大きな門を作ったという。起業当初から「いつかは世界市場に」という意志を持っていた彼にとって、大きな門は「立派な工場」のシンボルであり、これから世界に大きくはばたく大志を、将来の働き手たちに示すという意味があったらしい。

振り返ってみれば、我々日本人の先達たちも、過去、大きな志と夢を持って、起業し、そして大変な苦労をしながらも、狭い日本にとどまらず、世界市場に羽ばたいていった。先輩たちの達成したことをムダにしないためにも、もう一度我々自身が、「グローバル市場で覇をとなえる」というアスピレーションを持って、新たなグローバル競争、グローバリティに臨んでいかなければならないのではないだろうか。

（二〇〇八年五月）

アフリカで見たもの
――社会のメガトレンドとしての「ディジーズ」

ＷＦＰ（国連世界食糧計画）のお手伝いをしている関係で、アフリカに行ってきた。国連ＷＦＰ協会の会長である丹羽宇一郎・伊藤忠商事会長とご一緒に、ケニア東部の干魃《かんばつ》被害地、ソマリア国境の難民キャンプなどで、緊急食料援助の現場を見せていただいたのだが、最も強く印象に残ったのは、ナイロビのスラムで暮らすＡＩＤＳ（エイズ）に冒された子供たちだった。

エイズを発症した両親が死んでしまうと、残された貧しい子供たちは次の日から食べていく術がない。周辺国やケニア国内の低開発地域から、チャンスを求めて大都市ナイロビのスラムにやって来た人たちの大部分は、その日暮らしだ。子供だけが取り残されたような場合、近所の貧しい人々が、乏しい中から何らかの食べ物を分け与えることが多いそうだが、当然それには限りがある。アフリカの中では比較的豊かなケニアでも、最底辺の人たちに対する福祉制度は不十分だ。

「教師になりたい」と答えたエイズ患者の少年

親から受け継いでしまったＨＩＶ（エイズウイルス）とも闘っていかねばならないが、栄養状態の悪い子供たちは、たとえ薬をもらえる状況になっても、それを受けつける体力がなく、効果が得られない。孤児たちの多くは、生き延びるために犯罪に手を染めることになり、中にはエイズ発症への恐怖から自暴自棄になり、凶悪化していく者もいる。

我々が訪ねた一家では、十歳から十七〜十八歳の四人の少年少女が、わずか二畳ほどの、電気も水道もないバラックに住んでいた。全員がＨＩＶ保有者で、うち二人は治療が必要な状況にある。

幸運なことに彼らは、ＷＦＰが協力しカトリック系の団体が運営している、貧困とエイズに苦しむ人たちを支援するプログラムに助けられた。一日の必要カロリーの半分程度とはいえ、ＷＦＰから提供される食料で栄養失調状態からは抜け出せたし、プログラムの一環として学校教育も受けている。エイズウイルスに対する薬ももらうことができる。

驚かされたのは、「教育を受けること」への強い希求だ。少年の一人に、「今望むものは」と尋ねたら、はにかみながら「上の学校に行って、将来は、自分たちのような子供を教える教師になりたい」と答えた。たとえ、親を失い、病魔に冒されていても、少なくとも彼らには、夢がある。

ビジネス拡大の足枷に

推定人口百万人と言われるキベラ地区のスラムでは、その多くがＨＩＶ保有者であり、今後ものすごい勢いで孤児が増え続けていくことは間違いない。少なくとも、現段階では、ＷＦＰやその他のＮＧＯ（非政府組織）の支援はほんの一部しかカバーできていないし、今後支援が届かない層は、拡大し続けるだろう。さらに、ケニアよりも状況が悪い国は、枚挙にいとまがない。

干魃、内戦、政情不安といったマイナス条件に襲われ続けているアフリカの最貧国すべてで、エイズのもたらす社会コストが、将来にわたって拡大していくことは、ほぼ間違いない。労働人口の多くがエイズに冒されることで経済の成長力は大きく損なわれる。さらに、働き手が死んでしまった後に残された老人や孤児たちが、数百万人にも達するだろうと予想されている。

これは、先進国とその企業にも、少なからぬ影響を与えよう。先述したように、支援の手が届かない孤児たちの多くは、犯罪に走らざるを得ない。進出している海外企業にとって、治安のさらなる悪化は、ビジネス拡大の足枷《あしかせ》となり、安全担保のコストと合わせて深刻な課題となる。社会に対する不満・不安を持つ層が増えるにつれ、既に難民や違法移民の大規模流出が始まっている。旧宗主国であるＥＵ各国にとっては、大変頭の痛い問題だ。また、この層は、テロリストが新たなメンバーを求める先でもあり、先進国の安全を脅かす大きな要因となる。

アフリカに加えて、アジア、中南米でのエイズ増も考えると、この問題が、先進国や先進国企業にとって、将来大きなインパクトをもたらす可能性は極めて高いのだ。

「コントロールできないからしかたない」では済まされない

さて、最近将来の成長シナリオを考え、長期ビジョンを作成する企業が増えている。我々コンサルタントも、こういった長期ビジョンの作成に参画する機会が、欧米でも日本でもはっきりと増えている。

将来を厳密に読むことは不可能でも、これから起きる可能性が高く、かつ、企業経営の将来像に大きなインパクトがありそうな事柄について、複数のシナリオを立て、自社ビジョンを考える前提とすることはできる。したがって、政治・経済・社会のメガトレンドを考え、既に大きな変動の兆しがほの見えるものについて、シナリオを作っていくということになる。

こういうお手伝いをする中で、欧米企業と日本企業で大きな違いがあることに気がついた。エイズやＳＡＲＳ（サーズ＝重症急性呼吸器症候群）に代表されるディジーズ（病気）が与える影響について、欧米企業の多くは、非常にセンシティブで、必ずメガトレンドの中に含めて考えているが、たいていの日本企業は、この視点が欠落しているのだ。人口変動、技術革新、エネルギーや水などの資源の希少化、といった項目は、どの企業も共通して着目しているのだけれど、病気・疾患に関しては明らかに注目度に違いがある。

日本では社会問題として耳目を集めてはいるものの、まだ経済、企業への影響が小さい、といった理由はあるのだろう。だが、グローバルなビジネスを長期に考えていくためには、これは避けて通れないメガトレンドの一つだ。エイズだけではなく、突然変異した病原菌やウイルスによる大規模な被害がいつでも起こり得るのは、サーズの事例でも明らかだろう。「ビジネスの継続性」という視点だけでなく、もっと大きな環境変化と自社ビジネスへの影響を考えておかねばならない。

競争相手がきちんとシナリオを考えているのであれば、「そういうコントロール不可能なことについて、考えていてもしかたがない」というのでは済まされない。

これから、長期ビジョンを作ろうと考えておられる経営者の方々は、病気というメガトレンドにも一考を払ってみてはいかがだろう。自社にとっては心配するような話ではない、となれば結構なことだし、もしもある地域でのビジネスに決定的な影響がありそうだ、となれば、リスクを踏まえたうえで、将来の自社の「ありたい姿」を考えることができる。

決定論的立場と関与論的立場のどちらを取るか

もちろん、企業ができることは、エイズのような難病のインパクトを、受動的に予測すること（言い換えれば、ある事象は既にその発生が決定されたものであり、自分がそれに影響を与えることはできない、という決定論的立場を取ること）だけではない。

企業とその構成員が、さまざまなやり方で、ディジーズインパクトを軽減させる活動に能動的に関与することは可能だ。個々の企業ができることには当然限界があるが、能動的な立場を取る企業（とその構成員）が増えれば増えるだけ、自らへのインパクトを小さくすること（自らを含む環境に働きかけることで、未来の絵姿に自ら影響を与えていく関与論的立場を取ること）ができる。

例えば国連WFP協会では、企業のCSR（社会的責任）活動の中で、従業員を巻き込むプログラムを作り、それを通じてエイズの子供たちを含む食料提供に企業（と従業員）が参加できるようにしている（http://www.wfp.or.jp/）。もちろんWFP以外にも多種多様な団体がさまざまな活動を用意しているし、企業が直接ディジーズ対策の活動に参加することも可能だ。

病気を含むメガトレンドを、将来ビジョン策定の中できちんと考えてみることに加え、自らがポジティブな影響を与え得るトレンドについては、CSR活動の一環として積極的関与をしていくことも、検討してみてはいかがだろうか。

（二〇〇六年八月）

【追記】その後、日本でも鳥ないしは新型インフルエンザ流行を受けて、「守り」の準備を進める企業が増えてきた。これは大変結構なことだけれど、「メガトレンド」としてディジーズをとらえる動きはまだまだ少ないようだ。

3章

情報の経済性

麻雀とビジネスの共通項
――ネット上のデータ分析が武器に

『科学する麻雀』（講談社現代新書）という本がある。とつげき東北というペンネームで、理系の国家公務員（！）の方が書いたものだそうだ。東風荘というネット上の麻雀サイトでの膨大な対局データを基に、従来の麻雀の常識やセオリー（例えば「リーチ宣言牌のソバは危険」といった類）が妥当かどうかを検証し、新しい麻雀理論を構築しようとした、なかなか面白い本である。

この本の面白さの本質は、インターネットによって、実際の人間の行動とその結果（この場合は、麻雀でどのような手を打つかという選択と、その結果である勝ち負け）がデータの形で手に入ること、そしてそれを活用することで、今まで見えなかったことが見えるようになる、ということにあると思う。

実際の対局からデータを収集

従来のセオリーは、経験的に「こちらの方が良さそう」、あるいは「(自分の手についてだけを考えると）この打ち方ならば上がれる可能性が高い」などというものだった。前者は経験則と言いながら、実際のデータによって検証されていない。そのため、いわば感覚論になりがちだ。後者は「対戦相手の合理性を前提とした確率論」である。しかし実際のプレーヤーは、心理的な要素も加味すると、必ずしも確率論的な意味で合理的な行動をとるわけではない。

『科学する麻雀』の場合は、実際の対局データを基に、どういう局面で、どういう手を打つとより良い結果がもたらされるかについて、科学的な分析を加えている。また対局データ自体が、プレーヤーがさまざまな心理的な駆け引きや葛藤を踏まえて実際に行動した結果に基づいているので、「合理性を前提とすることの限界」を軽々と乗り越えているのだ。

経済学の世界でも、最近、実験経済学という分野が盛んになってきているのは、ご承知の通りだ。公的サービスの価格やサービスレベルの設計、あるいは選挙結果の予測などにも使われ始めている。

理論だけに基づくのではなく、実際の人間の行動を基に、より適切な経済施策を考えていくというのが、実験経済学の根本思想。『科学する麻雀』でとつげき東北氏が取った手法は、この根本思想と全く同じ考え方に則ったものだと言えよう。

ネットの世界の中にある「リアル」とは

ネット上で麻雀が行われることで、膨大なデータを収集できるようになった。『科学する麻雀』の分析も、そのデータがあって初めて可能になったわけである。リアルの世界で同じようなデータを集めようとすると、おそらく天文学的なコストと時間がかかっていただろう。

実験経済学の場合も、インターネット上で多数の人々が参加して実験を行えるようになって、どんどん進歩のスピードが上がってきているように見える。

こう考えていくと、これからのネット活用の一つの方向性は、

―理論値ではなく、実際の人間の行動結果を、
―データとして収集し、
―それを基に、効果の高い施策を考え、実行していく

ということになる。

例えば小売業の場合、ＰＯＳ（販売時点情報管理）データの収集・活用や、それを使ったＣＲＭ（カスタマー・リレーションシップ・マネジメント）といったことが盛んに言われている。しかし、リアルの世界だけだと、そういった手法には限界がある。ＰＯＳデータは、しょせん「購買の結果」を表しているに過ぎず、「購買に至らなかった行動」や「購買に至るまでのプロセス」は把握できないからだ。

一方、既にネット通販の世界では、「購買したユーザーはどんなページを、どういう順番で、何回くらい見たのか」「購買に至らなかったユーザーは、どのページを見た後、購買プロセスから離れていったのか」といった情報を収集し、分析して、さまざまな施策を取ることが日常的に行われ始めている。

例えば婦人靴を購入するユーザーが、気に入ったデザインのものを探すことから始めるのか、自分の買いたいヒールの高さのものを探すことから始めるのか、あるいは、まず自分のサイズに合ったものを一覧することから始めるのか。ネットの世界では簡単にこういったデータを集め、理解することができる。リアルの世界では、とてもできないことだ。

商品開発や交渉、取引にも展開

このような「ネットによって初めてできるデータ収集・分析と活用」は、何も電子商取引（ＥＣ）の世界だけで意味を持つわけではない。実験経済学や麻雀の世界で同様のやり方ができたようにさまざまな展開が可能だ。

まず、「オタク」的な非常に詳しいユーザーに商品やサービス設計に参画してもらう。次に、「普通の」ユーザー多数に（バーチャルな）トライアルを繰り返してもらい、どういう機能と値段であれば、競合と比べて高いシェアが得られるのか、あるいは、より高い収益が得られるのかといったデータを収集し、分析する。こういったやり方を進めていけば、商品開発のプロセスやコスト構造は大きく変わるはずだ。

あるいは、交渉の要素が多く、心理的な側面とそれに基づく行動が結果を大きく左右するようなＢ２Ｂ（企業間取引）について、多数の参加者によるシミュレーション（いわば一種のゲーム）を行い、データを集めておく。これを基に、より良い結果を生む行動パターンを解析して、自社の営業マンにトレーニングを行い、それにより実際の取引の場面での競争力を高める。

ここに挙げた例にとどまらず、活用の可能性は、まだまだ無数にあるはずだ。ネット戦略を考える、あるいは、購買結果だけを基にしたのではないＣＲＭ戦略を考える、そんな場面で、ネットならではの「膨大なデータの効率的な収集・活用」の余地がないか、じっくり考えてみる価値は大きいと思う。

（二〇〇七年八月）

大量データを集めたＣＲＭ、でも結果が出ないのはなぜ

『その数学が戦略を決める』（イアン・エアーズ著、文藝春秋）という本がある。かなり売れているようなので、お読みになった方も多いだろうが、原題〝Super Crunchers〟が示すように、大容量のデータ処理が可能になってきた現在、プロの感覚に頼らずとも、データをきちんと回帰分析することで、さまざまなことが読めるようになってきた、という内容の本だ。

気候データを解析すれば、ワインのプロと同等以上に良年がわかり、品質が推定できる、とか、プロ野球で活躍する新人選手をピックアップできる、といった例が挙げられている。

確かに、膨大なデータを蓄積し、処理できるようになったことで、過去には不可能だったさまざまな検証作業ができるようになってきた。ネット上の麻雀ゲームのデータを使って、麻雀の定石を検証し、さらに新たな定石を作るという試みについては、前項でもご紹介した。

この手の話に触れると、いつも思い出すのが、ＣＲＭのことだ。ＣＲＭや「ワン・トゥ・ワン・マーケティング」が叫ばれて久しいが、なかなか十分な結果を出している例にお目にかかれない。

それこそ「その数学が戦略を決める」とばかりに大量のＰＯＳデータを蓄積し、重回帰分析用のソフトウエアを駆使して、顧客分析や購入パターン分析を行う。そして、その結果を基にダイレクトメールを送って、購買行動を喚起しようとする。相当なＩＴ投資をしたのに、思ったような結果が出ないで、頭を抱えている企業が大部分のようなのだ。「その数学が戦略を決める」というコンセプトが正しいならば、一体どこに問題があるのだろうか。

データ分析は仮説から始める

通常、ＣＲＭには三つのステップがある。①データ獲得、②データ分析、③顧客への働きかけ、という三つだ。何らかの形で、顧客を理解するために必要なデータを得て、蓄積する。そのデータを基に、分析作業を行う。回帰分析などが活躍するのは、このステップだ。そして、得られた結果に基づいて、購買につながる行動を取ってもらうよう顧客に働きかける。もちろん、この後に結果を振り返り、さらに効果の出る打ち手を考えていくというステップもあるのだが、これらの三ステップをＣＲＭの基本要素だとしよう。

ＣＲＭの効果向上のための課題として、従来から第二ステップ、すなわちデータ分析の部分での「仮説出し」が挙げられてきた。ただやみくもにデータを分析し始めるのではなく、何らかの仮説に基づいて、それをデータで検証する方が、効果ある施策につながりやすいという考え方だ。

大量のデータを突っ込んで分析し、（よくＣＲＭの例に挙げられるように）オムツを買う人がビールも併せて買う可能性が高い、というパターンが抽出できても、これだけでは大量のデータを蓄積し、解析するコストには見合わない。オムツ売り場のそばにビールを置く、という安直な解を採るわけにはいかないし、そもそもレジの近くで消費者をきちんと観察していれば、この程度のことはわかるのだから。

逆に、ビールは利益の出る商材なので、「お酒の専門店やディスカウンターに対抗して、もっとうまく売りたい」という前提からスタートし、「来店する強い動機がある商品で、ビールと同時に買われることが多い商品を探そう。その商品の割引クーポン等をターゲット顧客に郵送し、来店を促して、ビールを自店で買ってもらおう」という仮説を出す。この仮説から、定期的に来店する動機となる商品で、ビールとの併売率が高い商品を、データ分析で探し出す。長ったらしい説明になってしまったが、これが「仮説から始める」という考え方の一例だ。

この第二ステップでの「仮説発」の考え方は確かに重要だ。加えて私は、CRMの第一ステップと第三ステップについて、もっとモノの見方を広げること（＝「拡大CRM」）が、極めて大切だと考えている。

「買わなかった」データも獲得する

第一ステップは「データ獲得」だ。このステップを広げるカギは、従来型の自店POSデータに加えて、「自店以外での購買情報」、そして、「興味を持ったが買わなかった」という情報も獲得することにある。

小売りのPOSデータ（とポイントカードのようなロイヤルティープログラム）だけでは、自店以外でその顧客が何を買っているかわからない。ある顧客のライフスタイルや趣味・嗜好を理解し、その人向けにカスタマイズしたマーケティング、商品提供をしようとするならば、「自店以外での購買行動データを獲得する」ことがどうしても必要だ。

例えば食品一つ取っても、会社の近くのコンビニ、家に近いスーパー、ネット宅配、デパ地下、といった複数の店から購買することは珍しくないし、それぞれの店の得意分野に応じて使い分けているので、スーパーでの購買データだけを見ても、その消費者のことは深く理解できない。ところが、記名式電子マネーやクレジットカードのデータを使えば、「自店以外での購買行動データを獲得する」ことで、ある消費者の全体像に一歩ずつ近づいていける。

さらに重要なのは、購買データではなく、「買わなかった」データだ。ネット販売が伸びてきたことで、「検索したけれど買わなかった」「商品を何度も見たけれど買わなかった」「買い物カゴにいったん入れたけれど買わなかった」といった「興味は持ったが買わなかった」という顧客データが簡単に取れるようになった。

興味を持ってくれた人に対し、もっと買いやすいプロセスを提供したり、少しお得感を持ってもらえるようなパッケージングを作ったり、あるいは、サイズや色などが異なった商品をお薦めしたり……。こういった活動は当然ながら効果、効率が高くなる。

何よりも、「買わなかった」という情報を真摯《しんし》に見つめることで、買わなかった理由をいろいろと推定し、自社のオペレーション全体を改善するヒントを数多く得られるという価値がある。

消費者自身の興味と選択により組織化する

第三の「顧客への働きかけ」というステップを広げるためのキーワードは、「パーミッション（許可）」と「自店で売っていないもの」の二つだ。

これまでのCRMの多くは、小売り側が「勝手に」顧客データを分析し、それに基づいてダイレクトメールや電子メールといった形で、「これを買いませんか」とか「これを割引しますよ」というコミュニケーションをしていた。言うまでもなく、消費者の側はこういったジャンクメールの洪水にうんざりしており、かなりの確率で開封もせず、ゴミ箱行きにしてしまう。小売り側から見ると、これがCRMの最後の段階での効率悪化につながるわけだ。

これも以前から言われている通り、個人情報を守る意識が高まり、またジャンクメールが増え続けている状況の中では、消費者に「こちらからご連絡させていただく許可」、すなわちパーミッションをもらうことが重要になる。

このパーミッションの一番わかりやすい例は、消費者の興味に応じた「クラブ」を作り、そこへの任意の参加という形で、消費者の組織化を行うことだ。英国のテスコは、ダンハンビーというＣＲＭ子会社を持ち、ＣＲＭを本当に活用している数少ない成功例と言われている。彼らの特徴の一つは、「ベビークラブ」とか「ワインクラブ」といったクラブをうまく使っていることだ。

つまり、ポイントカードのような形で「一般的な関係」を作った消費者の中から、彼らの興味と自己選択によってクラブに参加する人を募る。消費者は、自分が興味があると宣言したクラブにかかわる情報であれば、単なるマスジャンクメールと違い、大抵はその中身をチェックしてくれる。さらに、データ分析だけに頼った「消費者の趣味・嗜好の推定」ではなく、消費者自身が興味あると申し出た分野なので、マーケティング・販促活動の効果・効率も高くなる。

会員組織の中にさらに（サブ）クラブを複数作るというやり方を、通常の「データ分析の結果に基づいた働きかけ」に加えることで、ＣＲＭがより意味のあるものになるのだ。

自店の商品にこだわらない

さて、最後に「自店で売っていないもの」についても少し触れておこう。これまでのＣ

RMは、最終的に自社・自店の売り上げを増やすことを目的としていた。しかし、自店POSを超えたデータや買わなかったデータの蓄積、そして、（サブ）クラブによる趣味・嗜好の明確な消費者セグメントの組織化、といったことがなされていると、その消費者にお薦めできるものの中に自社・自店で販売していないものも含まれてくる。

例えば、GMS（General Merchandise Store：大規模小売店）のワインクラブに入っている人に対して、ワインスクールを案内したり、料理とワインのマリアージュを楽しむレストランの催しをお薦めするのは、全く不自然ではない。消費者から見ても、欲しかった情報である可能性は結構高いだろう。ワインスクールやレストランがGMSのビジネス範囲ではないからといって、こういった「自社で売っていない」商品・サービスをお薦めしない手はないと思う。

CRMの特徴の一つは、「データの入手元」と「データを使ってメリットを得る先」が必ずしも一致しないことだ。同じ店舗、会社の中でも、「自分がデータを一生懸命集めても、それでメリットを得るのは他部門中心」だとして、なかなかCRMの導入が進まない例が多い。

これを逆手に取って、「自社・自店で売っていないものもお薦めし、何らかの形で、その売り手から対価を得る」というところまで視野を広げた方が、ＣＲＭの成功に近づくのではないかと思う。前述のテスコは、メーカーに対してＣＲＭのＢ２Ｂサービスを提供している。きっと日本でも遠からず、他社に対して同様のサービスを提供する会社が出てくるだろう。

一時はブームの様相を呈したものの、ここのところ少し下火になっている感があるＣＲＭ。このように「広げて」考える「拡大ＣＲＭ」型に捉え直すことで、きっと再度隆盛を見ることと信じている。

（二〇〇八年三月）

「ウェブ2・0」から「コスト戦略2・0」へ

二〇〇六年に大きく取り上げられた話題の一つが、ウェブ2・0だったことは間違いない。グーグルやユーチューブについての記事、書籍が数多く登場し、ロングテールやCGM（Consumer Generated Media）というコンセプトが語られてきた。

ただ、一部の先進的な人々を除けば、「何か新しいことが起こりつつあるようだが、当面自分のビジネスに直接は関係しない」というのが大方の意見だろうし、「（ネットでの口こみマーケティングや広告展開を除いては）自分のビジネスにウェブ2・0をどう活用できるか、さっぱりわからない」というのが本音かもしれない。

中長期的に大きな変化をもたらしそうな事象であるウェブ2・0と、現在の自分のビジネス戦略とを結びつけて考える。そのために有効な手法の一つは、古典的な「コスト戦略」というレンズでウェブ2・0を眺めてみることだ。慣れ親しんだ従来型ビジネス戦略の視点でウェブ2・0のコスト優位性を深く考えていけば、いろいろな示唆が出てくる。

「タダ」でどんどん参加してもらう

例えば「セカンドライフ（Second Life）」というオンラインゲームがある。ご存じの方も多いだろうが、狭い意味での「オンラインゲーム」という概念だけではその全体像を捉えきれない面白い存在だ。

セカンドライフという名前の通り、参加者は自分の分身（アバターという）を作り、その世界の中で生活し、楽しみ、モノづくりをし、それを売り買いすることすらできる。その気になれば、この世界の中での収入で生計を立てることすら可能だ（ちなみに、セカンドライフの世界で使われるリンデン・ドルという通貨は、実際に米ドルに交換することができる）。二〇〇七年一月七日の段階で、約二百四十万人の参加者が世界中におり、その日一日の「経済活動」は、米ドル換算で約百万ドルに達しているという。

簡単に言えば、「3DのCG（コンピューターグラフィックス）で、かなりリアルに感じられる仮想世界を用意しました。その中でやりたいことをどんどんやってください」ということなのだが、参加者自身が自分で、ありとあらゆるものを作り上げていく、というところがミソだ。

用意されたさまざまなツールやプログラム言語を使って、参加者が、自分の衣装、住居、乗り物、といった自分の世界を作ることができる。また、他人に売るためのファッションやエンターテインメントコンテンツを作ることもできる。セカンドライフ側は、仮想世界の基本骨格とツールだけを用意し、その後、幾何級数的に増えていくアバター、そしてアバターたちの活動が生み出すコンテンツ、すなわち日々進化していく仮想世界の大部分は、参加者たちが知恵と時間を使って作っていってくれる。

天文学的なコストを負担してもらう

これをコスト戦略という観点で考えると、セカンドライフはビジネス構築にかけるコストの相当部分を参加者に負担してもらっていることになる。非常に安いコストで、精緻かつ日々更新されていくソフトウエアを作るというビジネスモデルだ。

従来型のゲームならば、仮想世界を作っていくとしても、既にソフトメーカーが作り上げたキャラクターやグッズを組み合わせたり、「育て」たりするだけであり、仮想世界作りのコストは、基本的にゲームソフトメーカーが負っていた。

新世代のゲーム機向けのゲームソフトは、開発コストが十億円単位になるとされている。セカンドライフのように、３ＤのＣＧを使って、日々内容が充実し、更新されていくゲームを、メーカー自身がコストをすべて負担する従来型のやり方で作ろうとすると、天文学的な数字になってしまうだろう。これが、タダで実現されてしまうのだ。

「ユーザーがコンテンツ作成に参加し、ビジネス構築のコストを劇的に下げる」という例は、リナックスでも見られたことだ。しかしウェブ2・0型ビジネスでは、ユーザーによるコンテンツ作成以外にも、ユーザーとの関係性を変化させ、コストを削減する手法がある。

例えばグーグルの場合、ユーザーは欲しい情報を検索するために、自分の興味あることがらに関するキーワードを入力する。これをコスト戦略という視点で見れば、グーグルは広告ビジネスにおいて、「ある商品・サービスに興味があるユーザー」を探し出すコストを参加者に負担してもらっていることになる。

雑誌などの通常のメディアならば、多額のコストをかけて特定の嗜好の読者層に向けたコンテンツを作ることで、初めて広告主にとって意味のある「特定ユーザー」へのアクセスが可能となる。しかも、それは一つの「ユーザーセグメント」に過ぎず、グーグルのようにありとあらゆる「ユーザーセグメント」を特定し、アクセスするためには、これまた天文学的コストがかかってしまう。

ユーザーに情報を提供してもらう、というやり方で、グーグルは「特定ニーズを持つユーザーを探し出し、アクセスする」というコストについて、大きな優位性を築いているわけだ。（もちろん、これはグーグルのビジネスの一面に過ぎないし、サーバーにかかる費用など、すべての面でグーグルが優位にあるわけではない。だがこの項では、ウェブ2・0をコスト戦略という観点から眺めるという趣旨で、これらのポイントには触れない）

航空会社、ジェットスターのコスト削減の秘密

ここまで、オンラインゲームやグーグルといったネットビジネスの世界における、ウェブ2・0のコスト戦略という側面について述べてきた。では、リアルな世界でのビジネスにおいて、ウェブ2・0の特質を生かしたコスト削減、いわばコスト戦略2・0をとるには、何を考えていくべきだろう。

まずは、「情報のやり取りのコストが劇的に低くなる」というネットの特徴を生かし、ユーザーや取引先を「自分の（リアル）ビジネスのコスト構造改革への参加者」に仕立て上げるやり方がないか、という視点で、自社コストを徹底的に見直すことだ。少し抽象的に言えば、社外の人たちとの関係性を「財・サービスの交換相手」から「低コストでの価

値創造への協力者」に変化させる、ということになる。

実際にこういう考えでコスト優位を築きつつある企業もある。例えばジェットスターという航空会社がある。オーストラリアのカンタス航空の子会社だが、いわゆるＬＣＣ（ローコストキャリア）で、徹底した低コストオペレーションと低価格が売り物だ。

ジェットスターは、ネット（またはコールセンター）によるダイレクト予約が原則である。予約する際に、当然ユーザー自身が自分の情報を入力するのだが、その際、単純な座席予約に加えて、有料で必要なサービスを選択することが求められる。食事は必要かどうか、飲み物はどうか、毛布は、イヤホンやその他のエンターテインメントは……、といった具合だ。

この結果、例えば機内食や飲み物のムダが徹底的に削減される。欲しい人にだけ、欲しいものを提供する。このための情報を事前に入手できれば、機内に余分な機内食、飲み物、といったものを搭載しておく必要はない。こういった機内在庫のムダは、使用されずに廃棄処分となるだけでなく、余分な重量となって燃費を悪化させる。また、早い段階で必要な量がわかれば、機内食などを提供するサービス会社は、生産・在庫のムダを大きく削減することができる。

ジェットスターのやっていることは、

①ユーザー自身から、（有料で購買したい）サービス物品の情報をタダで提供してもらう、

②かつ、その情報のやり取りをネット中心で行うことで、非常に低いコミュニケーションコストで行う、

③こうやって低コストで入手した情報を基に、自社と関連会社のムダを減らし、コスト優位につなげる、ということになる。

ジェットスターの場合は、機内在庫のムダ、関係会社の生産・在庫のムダが、ユーザーからの事前情報提供により取り除かれて、コスト削減につながった。異なったビジネスなら、また異なったコスト項目について、ユーザーや取引先からの情報提供によって、コスト削減が可能になろう。

リナックスやセカンドライフのように、無報酬でコンテンツ作成に参加してもらうやり方だけでなく、ビジネスそれぞれの特性に応じたコスト戦略２・０があるはずだ。古いようで新しいコスト戦略の視点で、自社ビジネスを見直してみる価値は大きいと考える。

（二〇〇七年一月）

【追記】その後、セカンドライフはやや勢いを失ってしまった。一方、ジェットスターは成田・関空とオーストラリアを結ぶ路線をはじめ、週4便を運航する規模に成長を遂げた。金融危機と景気悪化を受けてコスト戦略2・0の重要性はますます高まっているように思える。

イノベーション2・0の誕生
——低取引コストでのR&D外部化

一時ほど、ウェブ2・0という言葉を耳にしなくなった気がする。来る日も来る日も聞かされていた言葉が、さほど目立たなくなってくるという場合には、二つのケースがある。

一つは、いわゆるfad（一時的な爆発的ブーム）だった場合。切り立った山のような形で盛り上がりを見せたものが、これまた急カーブを描いてしぼんでいく。図にしてみると、このような感じだろうか（図1）。

もう一つは、plateau（高原状態）である場合だ。図2のようなイメージで、実際には、従来と違うレベルで新しい状態が定着したケースである。この場合、変化率が大きい時期には報道などで触れられることが多いものの、世間が新しい状態に慣れるにつれ、実態の変化やそのインパクトの大きさにかかわらず、あまり取り上げられなくなる。

ウェブ2・0というのは、明らかに後者だろう。その言葉の定義の曖昧さや、「世界を変える」といったやや大仰な取り上げ方、といった問題点はあるものの、ウェブ2・0は、さまざまな形で定着してきており、ひっそりと、しかし着実に活用する個人や企業が増えてきているように思える。

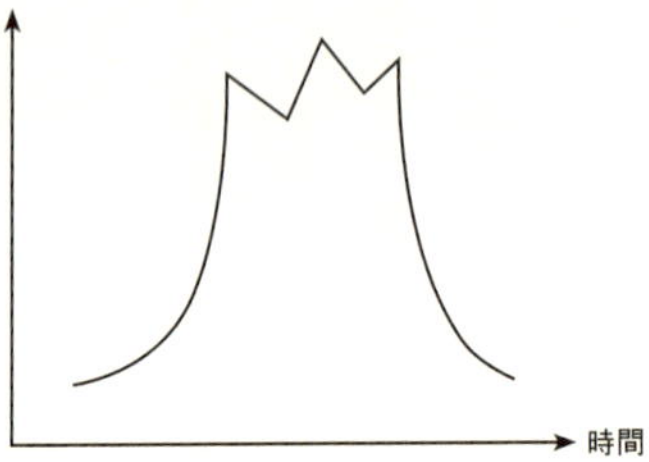

〈図1　fad（一時の爆発的なブーム）〉

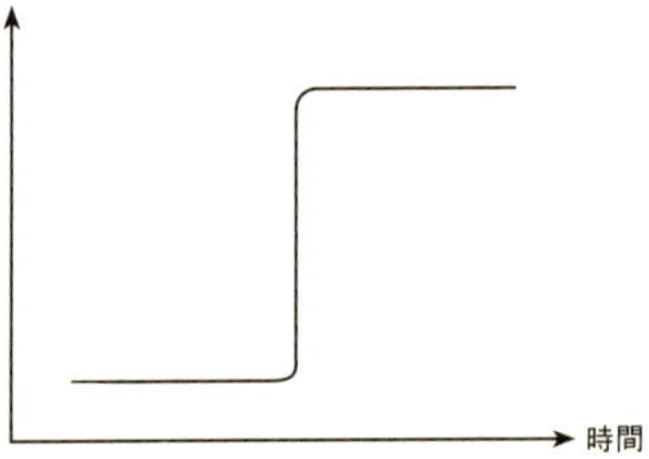

〈図2　plateau（高原状態）〉

R&Dへの「場」の活用

こういった着実な活用の例として、R&D（研究開発）に社外のネットワークを活用する動きが出てきており、なかなか興味深いものがある。

例えばイノセンティブ（InnoCentive）という「場」がある。ここでは、R&D上の難問を解決したい企業から「こういう条件で、この時期までに、この問題を解決してくれれば、賞金を出す」という掲示がなされる。これに対して、登録した科学者や研究者が解決策を提供し、その中で、最も優れた解を出した個人が賞金を獲得する、というものだ。

具体的な例を挙げてみよう。ある時、

—ある匿名の企業からの課題#３１０９

—十五カ月後がデッドライン

—R4 butanic acidという化合物を、二ステップ以下のプロセスで、八〇%以上の歩留まり、九五%以上の純度、一キロ百ドル以下のコストで、合成する手法を求む

といった掲示がなされた。

この課題#３１０９の場合、実際に七カ国十人のメンバーから、解とサンプル化合物が提供され、ある製薬企業を引退した科学者が賞金二万五千ドルを得た。

イノセンティブの場合、課題を掲示した企業とは別の領域で研究をしていた科学者・研究者から、異分野ならではのユニークな解決策が提供されることが多いという。

もう一つ、マスワークス（The MathWorks）社のユーザー・コミュニティーであるマトラボ・セントラル（MATLAB Central）という「場」もご紹介しよう。ここでは、個々人が解決策のアイデアを提示すると、他の人がそれに自分のアイデアを付け加えたり、別のより良い解決策を出したりする形で、複数の参加者による擬似プロジェクトが進行する。この場合には、個人の知恵にとどまらず、アイデア間の相互作用が生まれてくることで、当初思いもしなかったユニークな解決策がもたらされることが期待されているのだ。

音響環境改善というテーマで議論が行われた際には、約二週間のうちに当初案より十倍以上効果的な答えが出てきたという。

マトラボの場合、複数の参加者の共同作業で解決策が生み出されることもあり、金銭的な報酬はごくごくわずかなものだ。参加者は、仲間内での「尊敬」や「称賛」といった、精神的な褒賞を糧に、知恵を出していくことになる。

イノベーション2・0の本質

参加者のインセンティブという点で見ると、この二つの「場」は、全く異なったものだ。主として、金銭的インセンティブを基に、個人としての知恵を競うイノベンティブ。

精神的インセンティブを基に、グループとして知恵を進化させていくマトラボ・セントラル。

ウェブ2・0というキーワードが注目を浴び始めた頃、その典型的な事例としてウィキペディアが盛んに取り上げられたこともあり、後者のインセンティブ形態がウェブ2・0の通例とされてきたが、実際には、さまざまなインセンティブ形態の下で、「会社の中にとどまらず」「外部、特に異分野の知見・知恵のネットワークを生かす」やり方が存在する。

逆に、少し引いて見てみると、この二つの事例に共通しているのは、取引コストを極小化していることだ。

経済学を学ばれた方はよくご存じのように、企業がある機能を社内ではなく、社外に求める場合、大きな取引コストがかかる。相手の信用の確認、契約にかかわる諸費用、その他さまざまな形で、外部と「取引」することに伴って、費用が発生するわけだ。

一方、通常、外部市場で何らかの財、サービスを調達する場合、取引コストというデメリットはあるものの、市場での競争を通じた価格形成というメリットもある。例えば、社内にビルメンテナンス部門を持つ場合、取引コストは発生しないが、本当に市場価格でサービスが提供されるかどうかは、定かではない。これを、外部に求めると、価格レベルの合理性は確保可能だが、取引コストも発生する。

経済学者ロナルド・コースが、取引コストが企業の範囲を決定する、としているくらい、取引コストというのは、経営の重要な意思決定要素の一つだ。

今回ご紹介した二社の場合、やり方は違うものの、どちらも取引コストとサービスの提供価格の両方を低くする仕組みがうまく組み込まれている。

イノセンティブのケースでは、企業内部で（取引コストなしに）検討してきたものの、うまい解決策が得られなかった場合に、企業自らが妥当だと思う「価格」をつけて、この「場」を用いる。

マトラボ・セントラルのケースでは、精神的インセンティブを共有する参加者とネットワークすることで、（おそらく市場においてコマーシャルベースで調達した場合と比較すると）非常に低い価格で解が得られる。

また、両ケースとも、特に知的所有権の取り扱いをはじめとした複雑な契約手続きを省く工夫がなされている。

ウェブ2・0をR＆Dに活用する例は、今後ますます増えていくだろう。イノベーション2・0と言ってもよい「外部ネットワークのR＆Dへの活用」を考え、さらに「取引コスト」の視点から「何を内部化し、何を外部化する」かについて、R＆D部門全体の見直しをしてみる。これは、現在の日本企業にとって、非常に意味のあることだと思っている。

（二〇〇八年六月）

それでもＣＭを見ますか？
――テレビビジネスの将来を読み解く

半年ほど前から、地上波テレビを自動録画するＨＤ（ハードディスク）レコーダーを使い始めた。この製品には、首都圏で見られるキー局七チャネルの一週間分すべての番組を自動録画していく機能がある。いつでも、一週間前からの全番組が見られるというわけだ。

これを使うようになってから、テレビの見方が全く変わってしまった。見る番組、視聴のしかた、そしてＣＭの見方まで、すべてがそれまでと違うのだ。

まず、びっくりするほどＮＨＫの番組を見るようになった。仕事を終え、家に帰り、その時間に放送している番組の中から、興味を引く番組を探す。今まで気がつかなかったが、ＨＤレコーダーの検索機能を使って興味を引くものを探してみると、ＮＨＫに面白そうな番組が随分ある。時間とお金をふんだんに使っているからだろうか、特にドキュメンタリー系のものに、質も非常に高いものが多い。結果的に、ニュース、スポーツ以外では、従来とは比較にならないほど、NHKを見る確率が高まった。逆説的に言うと、こちらが見やすい時間帯以外に、ビジネスパーソンの好奇心を満たすような番組をやっている、とも言える。

朝には朝なりのテレビの見方がある

視聴のしかたで大きく変わったのは、「時間に応じた見方」を積極的に意識するようになったことだ。仮に、朝七時四〇分頃に朝食を終え、家を出る八時までの二十分間、テレビを見るとしよう。これまでなら「とりあえずニュース番組をつけておく」という受動的な行動を取るだけだった。これだと重要度にかかわらず、「その時間帯に放映されている」内容だけを、二十分という限定された時間の中で見ることになる。

今なら、まず数十分前に放送済みの、ニュース番組の冒頭の部分を再生して、その朝のメインニュースを一通りカバーするというやり方をとる。例えば、七時のニュースの冒頭部分を呼び出して、最初に紹介される「主なニュース」と、それに続く主要ニュースを二十分だけ見るわけだ。

大抵のニュース番組は、冒頭に主要ニュースの一覧を示してくれる。また、ニュースと掘り下げた取材を組み合わせた報道番組には、たいてい一日の主要ニュースをコンパクトにまとめたセクションがある。例えば、私もコメンテーターとして出演させていただいている「ワールドビジネスサテライト」(テレビ東京系列)という経済報道番組なら、「ニュースフラッシュ」というコーナーがある。時間が限られている時は、こういう部分を能動的に検索して視聴するというやり方ができる。

時間が許す時でも、「今放映されているところから見る」のではなく、「時間の余裕に応じて、見たいものを能動的に選択して見る」というように、意識が変わってきた。これまでも、見たい番組を録画しておけば、同じようなことができたが、いちいち事前に録画予約するのは面倒なことこのうえなく、そもそも事前に本当に何が見たいかわかっていないことの方が多い。大容量ＨＤと優れた検索システムがあれば、「事後に」見たいものを見たいだけ見る、という全く異なった視聴行動が可能となる。

スキップさせないＣＭの力

では、ＣＭの見方はどうか。当初は「きっとＣＭはほとんどスキップして見なくなるのではないか」と思っていた。ところが、実際は、スキップするＣＭとしないＣＭとがある。どうも私はある種のCMが「ツボにはまる」らしく、ついつい見てしまう。某缶コーヒーの「宇宙人ジョーンズ」のシリーズだとか、某通信会社のシュールなCMとかだ。

人によって、「ツボ」は違うが、こういった短時間エンターテインメントとしても十分に楽しめるCMは、大容量レコーダー時代を迎えても、CM自身のパワーでスキップされる確率を格段に下げられそうである。現在使っているHDレコーダーの場合、さらにCMを検索する機能もついており、時にはわざわざCMだけを検索して視聴することもある。例えば、私の場合で言えば、コンサルティングの仕事に関連して、ある企業の全CMを続けて視聴するという使い方も可能だ。

コンテンツとして価値のあるCM、あるいは、ビジネスの観点で情報価値を有するCMというものは、「見やすい・探しやすい」形で提供できれば、どうやら今後とも生き残っていきそうだ。

広告料型モデルの変質が進む

さて、このささやかな私的体験を通じて、テレビビジネスの将来について、いろいろと感じることがあった。

特に、広告料型モデルの変質だ。幅広い層に（一方向で）動画広告を届けるという目的に関しては、今後とも、テレビＣＭは一定のコスト優位性を持ち続けるだろう。さらに、前述したように、私自身の経験から「スキップされにくいＣＭ」というものが明らかに存在するので、一部で語られているような「大容量レコーダー普及に伴って、一挙にテレビ広告という分野が崩壊する」といった極端なシナリオは現実的とは思えない。

しかし、ＣＭスキップ自体は一定程度進行するだろうし、視聴者の自由時間を巡るインターネット及びケータイとの競争、そしてネットを活用したターゲット特定型の広告モデルの進展、といったさまざまな要因から、宣伝広告・販売促進の費用に占めるテレビ広告のシェアが減少傾向になることは避けられない。

この結果、少なくとも次のような変化が、当初はゆっくりと、そしてある時点で急激に進むだろう。

① コンテンツとしてパワーを持つ広告の価値が相対的に高まる

これまでテレビ広告の価値は、主として、放送時間帯や広告が含まれる番組自体の視聴率によって決まってきた。有名タレントを使った広告は確かに制作費用がかさむが、トータルコストの大部分は、いつ、どんな番組に合わせて、どれだけの回数放送されるか、ということで決まってきた。

今後、広告自体のコンテンツパワーによって、スキップされない広告とスキップされてしまう広告とに両極化していくとすると、スキップされにくいコンテンツとしての広告は大きな価値を生むことになる。単純に言えば、クリエーティブの重要度が高まり、できたものが（スキップされないという意味で）高い評価を生むならば、いわばボーナスのような形で、追加収入を得るクリエーティブが出てくるであろう。

いくら良い時間帯に視聴率の高い番組の中で流しても、スキップされてしまえば広告の価値がないのだから、時間別・想定視聴率別の単価体系だけでは、経済合理性が成り立たなくなる、ということでもある。

②　プレースメント型広告が増える

既に、映画やゲームの世界では起こっていることだが、人気コンテンツの中に、ストーリーの流れに沿って、自社の商品や広告を登場させるという手法がある。例えば、００７の映画で広告効果を狙って、自動車メーカーが自社の車を提供したり、ゲームソフトの中で主人公がある会社の清涼飲料水だけを飲む、といった類で、「プロダクトプレースメント」と言われる手法だ。

当然ながら、これはスキップ不能な広告となるので、CMスキップ対策としては極めて有効だ。テレビドラマの中でスポンサー商品がさりげなく使われる、というのはこれまでも行われてきたが、早晩ドラマの中で使われるすべての商品について、プレースメント料としての広告費が支払われるようになるかもしれない。

「制作」と「流通」の戦略を立てられるか

③ コンテンツビジネスとしての戦略の巧拙が、テレビビジネスの成功・失敗をはっきり分ける

テレビ局というビジネスは、コンテンツ制作というビジネスと、それを流す（さらに広告費を得る）という、いわば電波を使った流通ビジネスの複合体だ。

これまで広告料型モデルを基本とした流通ビジネスが非常にうまく機能してきたため、テレビ局にとっては、自社以外の流通チャネルでコンテンツを有料で販売するというモデルに、本気で取り組むインセンティブはあまりわかなかった。もちろん、フジテレビの映

画への進出だとか、過去に放送された番組（コンテンツ資産）をＤＶＤ化して販売する、ということはなされてきたが、あくまで本業は広告料モデルであり、それに追加しての新規事業という位置づけだった。

アメリカでは、ＣＡＴＶ（ケーブルテレビ）による流通シェアが高く、キー局は、自社の電波だけではなくケーブルや衛星といった流通チャネルにも、自社制作した番組を販売していく、というビジネスにシフトせざるを得なかった。一方、日本ではキー局の電波ネットワークのシェアが高く、その必要がなかったのも事実である。しかし、前述したように、広告料型モデルの採算性は、次第に低下していかざるを得ない。その変化は、最初はゆっくりでも、どこかで大きく急激に進み始める。

これまで「テレビ局のコンテンツビジネス化」というテーマは、免許制度・著作権という解決すべき課題の中で、ネット化をどう進めるか・認めるかという「通信　対　放送」、ないし新旧対立といった構図で語られることが多かった。しかし本質的には、テレビ局自身が自分自身の利益のためにどうやって良質なコンテンツを作り、それを広告以外の形でどのように金銭化していくか、言い換えれば、どういうコンテンツ戦略をとるのか、ということだ。

私自身、ここ半年の体験を通して改めて確認できたが、報道にせよドキュメンタリーにせよ、あるいはドラマやバラエティーにせよ、質の高い映像コンテンツには、本当に大きな魅力がある（逆に言えば、駄目なものは、本当に駄目。録画したものから能動的に選択するようになると、全く見なくなる）。

よくテレビ局が制作しているコンテンツは数少なく、大部分は制作会社への外注だ、などと言われるが、外注マネジメントを含めたプロデュース機能は、やはりテレビ局（キー局）に存在している。さまざまなしがらみはあろうが、コンテンツプロデュースそして制作、という価値を生む機能から、どうキャッシュを得ていくかについて、はっきりとした道筋を定め、着実に歩を進めていけるテレビ局は、将来の映像コンテンツビジネスの中心であり続けようし、それができなければ、次第に存在価値を失っていくであろう。

（二〇〇六年十一月）

4章

経済ナナメ読み

世界的デフレか、それとも価格〝正常〟化か

最近、海外の同僚と話すと、デフレーションの話題になることが多い。金融危機に引き続き、一九九〇年代後半の日本のように、大多数の先進国がデフレに陥るのではないかという懸念が高まっているからだ。

不謹慎だとお叱りを受けるかもしれないが、当時の我々がそうだったように、現在の欧米でのデフレ論は、もやもやしたとらえどころのない議論になっているのが興味深い。何と言っても、経済学の教科書に出てくるデフレと、今後起こり得るデフレとの違いが大きすぎ、デフレがどういう事象なのか、具体的なイメージがわかないのだ。

様変わりした九〇年代以降のデフレ

日本の場合も、それまでの経済史で取り上げられるデフレと、九〇年代に進行していたデフレとは全く違っていた。バブル崩壊以前、近代日本では、三回のデフレがあったとされる。西南戦争後の「松方デフレ」、昭和初期の「井上デフレ」、第二次大戦終戦後の

「ドッジデフレ」だ。

三つとも人名がつけられていることからわかるように、これらは共通して、その当時の政策責任者がインフレ対策として強烈な緊縮政策をとったことが引き金となったデフレであり、かつ物価低下のレベルは半端なものではなかった。松方デフレ、井上デフレの場合、五～六年の間に物価は三割以上下落したという。ドッジデフレの場合も、一九四九年から翌年の短期間ではあったものの、ヤミ物価の二割強の下落をもたらした。

バブル崩壊後のデフレは、言うまでもなく「インフレ対応のための超緊縮政策」が原因となったわけではない。不動産融資の総量規制などの政策が、九〇年頃の資産バブル破裂のきっかけではあった。しかし、その後の不況期、及び九六～九七年頃の金融危機以降も、長期にわたる緩和的政策がとられ、その下でごく緩やかな物価下落が続いたのだ。

過去三回の「教科書的」デフレとは全く違う九〇年代後半以降の日本のデフレ。これを経験してきた我々には、今振り返ってみることでわかることがある。新興国の工業化、そして先進国での「高付加価値競争」が進んだ環境の中でのデフレは、二つの要因が絡み合って進行するということだ。

第一の要因は、需給ギャップ。バブル崩壊、そして金融危機（とそれに伴う信用収縮）

が起こると、当然何らかの景気悪化につながる。その中で、企業心理、消費者心理の改善が見られないと需給ギャップが発生し、価格を下げても需要の「量」が回復しない。これが当然、デフレ要因の一つであり、日本でも起こったことだ。

さらに、第二の要因として、「価格の正常化（ノーマライゼーション）」という流れがある。バブル期の日本がまさにそうだったが、新興国からの低価格商品の挑戦もあり、企業はこぞって「高付加価値」競争に走った。もう少し高い機能、もう少し良いサービス、そして、もう少し高めの価格、を求め続けるということだ。買い手の側も、好況期にはこれを良しとしてきた。

しかし、いったんバブルがはじけて将来への不安が高まると、多くのユーザーは「本当に必要なものを、できるだけ安い価格で買う」という行動に出る。そして、企業間の競争、イノベーションの進展、低コスト生産を可能にする新興工業国の存在が、この流れを加速化する。

予測される低コストモデル企業の増加

いつのまにか若手サラリーマンにとって、ツープライスショップで「イチキュッパ（一万九千八百円)」のスーツを買うのは、ごく自然なこととなった。メガネの平均価格も大きく下がった。薄型テレビやパソコンはどんどん価格を下げ、今や五万円パソコンは当たり前だ。発泡酒や第三のビールは、カテゴリーの四割以上を占め、超低価格の居酒屋チェーンは雨後のたけのこのように増えた。(価格を下げすぎてしまい、その後修正に苦労はしたものの)マクドナルドの六十五円バーガーが登場したのは、バブル後のこういった流れを象徴的に示したものだと思う。

ふと我に返ってみると、何も高価なスーツである必要はなく、〝ほんもの〟のビールにこだわることもない。贅沢を求めなければよいのだ。ひょっとすると、自分自身の購買行動こそ、ややバブリーだったのかもしれない。

このような消費者の「気づき」と企業の側の努力が組み合わさって、さまざまな領域で「値頃感の下方修正」がどんどん進んだことが、結果としてデフレからの脱却を遅らせたという側面があることは、否めないのではなかろうか。

さて、日本で起こったことが、今後欧米でも同様に起こるとは限らない。過剰流動性の供給が行き過ぎて、どこかで何らかのバブルが起こる可能性は高いし、資源価格が反転すると強烈なインフレが起こるかもしれない。

しかし、今回の金融危機以前から、中流層以下については日本以上に価格「正常」化の流れが顕著だった米国やＥＵでは、より一層低コストモデルの勝ち組企業が増えることは間違いなかろう。

この流れと需給ギャップによるデフレ傾向を、あらかじめきちんと切り分けてモニタリングしてみてはどうか。こう話すと、多くの海外の同僚が「少しデフレというものの実感がわいてきた」と言ってくれた。だとすると、案外、日本同様の経緯をたどる国が多いのかもしれない。できれば日本のように、十年以上もデフレ脱却に苦しむということがなければよいと、心から願うばかりだが。

（二〇〇八年十二月）

失敗学から考えるリーマン破綻
――「もっと大きく」が招く災い

今、トロントでこの原稿を書いている。ちょうど日本からこちらに向かう機内にいる時間に、米証券大手リーマン・ブラザーズの破綻、メリルリンチのバンク・オブ・アメリカへの売却が報道され、北米のメディアでも、この話題についての報道がヒートアップしている。

政治、特に米大統領選挙への影響から、個々人が預金をはじめとする金融資産の保全のために何をすべきか、といった話題に至るまで「これから、どうなるのだろう」というトーンでの報道が続いており、ついつい一九九七年頃の日本の状況を思い出してしまう。

一九九七年の山一證券、北海道拓殖銀行の破綻、そして翌年の日本長期信用銀行（長銀）の破綻。この当時の日本での報道内容も、「いったい、これからどうなってしまうのだろう」という危機感にあふれていた。現在、危機に瀕している欧米の投資銀行が、救済する側として当時取りざたされていたことを思うと、隔世の感がある。

その後の日本の状況から考えると、金融危機はさまざまな形で実体経済にダメージを与え、想像以上に経済全般の立ち直りの足を引っ張るだろうし、また、ほぼ間違いなく金融業界の大型再編が連鎖的に続いていく可能性も高いだろう。

ここではこういった「今後の予想」から少し離れ、「規模の拡大」の限界について考えてみたい。

投資銀行のビジネスモデル変容

ここ何年かの間に、投資銀行のビジネスモデルは大きく変容してきていた。元々の本業である「資金調達側（主として企業）」と「資金提供側（主として機関投資家）」をつなぐ債権や株式のプライマリー業務は、厳しい競争と顧客の知識・能力レベルのアップで、次第に大きな利益を上げることが困難になってきていた。

その後脚光を浴びたM＆A関連のビジネスも、年によるばらつきが大きく、継続的な利益の源泉として投資銀行全体を引っ張っていくには、力不足であることが明らかになった。一方、投資銀行の経営陣の多くは、報酬のうち業績にリンクする部分の割合が極めて高いこともあって、四半期ごとの収益確保が至上命題化していた。

こういった状況の下、自らのバランスシートを使って（場合によってはSPC――ある特定の目的のために設立され、運営される会社――という形でオフバランスの器もフル活用して）リスクをとるビジネスがどんどん勢いを増してきていた。プリンシパルインベストメント（企業に対する自己投資）や、MSCB（転換価格修正条項付き転換社債）といった商品を通じた一定期間のリスクテイクが、これに当たる。

今回の金融危機の引き金となった証券化商品ビジネスもその一環であり、本質的には、「投資代理業」から「投資業そのもの」への投資銀行ビジネス変容を、端的に示す領域だと思う。

収益プレッシャーの中で、金融工学なかんずくリスクの細分化と再構成の技術を組み合わせながら高い収益をもたらす証券化商品ビジネスは高い伸びを続け、「より大きな規模を追求していくこととなったわけだ。「これまで問題なく収益が上がっていたから、より大きなリスクテイクを」という規模拡大の思想は、果たして妥当だったのだろうか。これが、大きな問いである。

先日、失敗学で有名な畑村洋太郎さんのお話をうかがう機会があった。

「技術の進化に伴い、建造物や工業製品が複数のシステムの複合体となってきている」

「一方、人間の側は、システムが問題なく働くことを前提に行動するクセがどんどん強まり、自ら危機やトラブルを予測する能力が落ちてきている」「その結果、マン・マシン・インターフェースの部分を中心に、予想もしない大きなトラブルが発生しやすくなってきた」という趣旨の、大変刺激的な内容だった。

土木・建築の分野からの学び

中でも、「次に起こりかねない大トラブルは、エレベーターではなくエスカレーター」という予言めいた部分は、(幸いなことに、被害は比較的少なかったものの) ちょうどその数週間後に、東京ビッグサイトで現実のものになってしまい、びっくりさせられた。ちなみに、上りではなく下りのエスカレーターが急激に停止した場合、大惨事になる可能性が極めて高いという。

さて、このお話の中で畑村さんも紹介しておられたのだが、ヘンリー・ペトロスキーという土木工学を専門とする大学教授がいる。「失敗学の源流となるような大事な仕事をしてきた人」とのことであり、設計プロセスの中で、人間が犯してきた失敗を振り返り、歴史的なケーススタディーとすることの重要性を訴えてきた人物だ。

ペトロスキーの『橋はなぜ落ちたのか：設計の失敗学』『もっと長い橋、もっと丈夫なビル：未知の領域に挑んだ技術者たちの物語』（いずれも朝日選書）を読んでみると、興味深い事例が多々出てくる。

例えばルネサンスの時代には、幾何学的に同じ構造のものは、より巨大なスケールになっても問題なく構築できると考えられていたが、小ぶりの船と全く同じ比率で作られた巨大船は自重で壊れてしまった。

ガリレオは、その著作『講話』（ないし『新科学対話』）の中で、こう述べているという。（前述の『橋はなぜ落ちたのか～』より引用）

「小をもって大を推し量ってはいけない。大抵の考案は寸法が小さいときにはうまく成功しても、大きくすると失敗するものだから」

「一本の木釘は自分の十倍の重みを懸けてもびくともしないが、（同じ木だがより長く、それでも）縦横の寸法がこれと同じ割合でできている梁は自分と同じ梁十本分の重さにはとても耐えられない」

工学分野の専門の方々には自明のことだろうが、文系の人間にとっては、「応力」とか「剪断力《せんだん》」といったこれまで「わかるようでわからなかった」コンセプトを、具体例で理解させてくれる話が次々に出てくる。あえて単純化させていただくと、「規模が拡大すると、それまでは問題とされていなかったさまざまな『力』、特に構造物そのものの自重の作用で、システム全体が崩壊するおそれがある」ということだろうか。

また、リスクを軽減させようとして追加的に打った手が、逆に大きな問題を生ぜしめる、という例も出てくる。

これまたガリレオの孫引きだが、大理石の円柱を横に置き、両端に近い二カ所に木製の支えを置いて保管していた話が出てくる。ある職人が、「これでは、自重で真ん中から折れてしまうかもしれない」と考え、真ん中にも第三の支えを置いて、三点で支えることにしたのだが、しばらくして、あろうことかこの真ん中から大理石が折れてしまったという。最初から置いてあった両端の木製の支えが腐る、あるいは円柱の重さで縮む、ということが起こった結果、力が真ん中だけにかかってしまったわけだ。

二カ所しかない場合、どちらかが腐ったり縮んだりしても大理石は傾くが、両方に力がかかっていることには変わりがなく、折れてしまうような事態には至らない。まさに、新たに追加した支えのせいで、柱が折れてしまったということになる。

これを、金融危機の例に当てはめてみよう。規模の限界の話は、わかりやすい。

住宅ローンをはじめとするさまざまなリスクを、これまでは考えられなかった規模で取り扱うようになった。ところが、分散化したはずの住宅ローンの焦げ付きリスクが同時に発生するとか、格付け自体が原リスクを詳細に反映することができなくなっていたなどという、システム本体の中にもともと含まれていた「力」が顕在化することで、証券化商品ビジネスというシステム全体が崩壊の憂き目に遭うことになった、ということだ。

「第三の支え」の話も、なかなか含蓄がある。金融機関が自らのバランスシートを活用して大きなリスクをとるようになると、当然破綻の懸念が出てくる。この対策の一つとして、厳密な時価会計の仕組みが設けられ、リスクの「見える化」施策がとられた。また、BIS規制のような自己資本規制と相まって、金融機関ごとにとれるリスクの総量も規制されることとなった。

このどちらも、システム全体の崩壊を防ぐ妥当な施策に見える。ところが、今回の証券化商品のように、全員が「売りモード」になり値段がつかなくなってしまうと、時価評価額が坂道を転げ落ちるように下がり続けることになる。この事態は、自己資本規制の観点から金融機関のビジネス継続そのものを危うくするため、より急いで投げ売りする動きがさらに加速化する。

結果的には、本来妥当な施策が、ある限界を超えた瞬間にかえってシステム全体の危機を招くことにつながったわけだ。

土木・建築といった分野は、一見したところ金融とは全く無関係に見える。しかし、その分野で「もっと長く、もっと大きく」という規模の拡大を求めた際に発生した数々の失敗例は、金融分野にも十分に参考になるように思える。

「これまでOKだったから」あるいは「追加の手立てを打ったから」といって、より大きな規模のシステムを、何の問題もなく構築できるとは限らない。人間が気づいていないファクターが、突然顕在化する可能性が十分にあるからだ。

こういった要素への対応策として、工学の世界では「安全係数」という考え方が用いられる。（理論的に証明できるわけではないが）安全係数を3と見る、すなわち想定できるリスクの三倍に耐えられる強度で設計しておけば、多くの場合、問題は生じないという。

自己資本規制の中で、リスク資産には一定の掛け目をかけるというやり方で、金融の世界でも安全係数と同様の考え方は存在している。今回の金融危機を振り返り、今後に生かすためには、「システム全体として考えた時に、どれくらいの安全係数を見込むべきか」「個々の金融機関を超えて、金融システムとしての安全係数は、どのように規定すべきか」

ということから、考えていくことが必要なのかもしれない。

これからを考えるヒント

ペトロスキーの本には、これ以外にも設計ミスにおけるヒューマンファクターの果たした役割を含め、さまざまな失敗事例が次から次へと紹介されている。しかし、これは失敗をおそれ、新たな挑戦をすべきではない、という考え方からではない。

失敗に学び、新たな挑戦を続けることで、より社会の役に立つ構造物や製造物が出来上がってくる、という思想が背景にあることは言うまでもない。

今回の金融危機についても、「実業を離れた金融ビジネス」といった単純な見方であげつらうのではなく、ましてやリスクにおそれをなして金融機能を縮小させるのでもなく、「失敗は失敗として見つめ、その中で、次に挑戦していくために必要な学びを抽出し、生かしていく」ことが必要だと思う。

実のところ、単純な規模の拡大は大きなリスクにつながりやすく、規模の拡大に応じたマネジメント技術が必要だという話は、金融システムだけに当てはまるわけではない。新興国への果敢な進出、あるいは積極的なM&Aといった手段から、組織の規模が拡大する傾向にある日本の非金融業にとっても、重要な教訓を含んでいる。

より大きく、より幅広くなった組織構造に応じて、新たなマネジメント技術を開発していかなければ、早晩、組織全体に機能不全の症状が表れることになろう。

失敗から学び、さらに新たな技術を開発していく。この姿勢があったからこそ、土木・建築分野では青函トンネルや本四架橋を作り上げることができた。金融、非金融を問わず、同様の考え方で、日本発の新しい「規模に耐える」モデルが出てくることと信じたい。


（二〇〇八年九月）

「市場メカニズム」は信用できるのか
――機能するかどうかは、〝ゲーム〟の前提次第

東京大学大学院　経済学研究科　准教授の柳川範之さんの『法と企業行動の経済分析』(日本経済新聞出版社)が、二〇〇七年度の日経・経済図書文化賞に選ばれた。私自身、柳川先生と少しご縁があり、個人的にも誠に喜ばしいことと思っている。

実は大変贅沢なことに、最近、柳川先生にゲーム理論を教えていただいている。学生として授業に出て講義を受ける、ということではない。柳川先生と私とでゲーム理論と経営戦略のかかわりについて議論し、その内容を本にする目的で、ここのところ何度も対談させていただいている。その対談を通じて、実質的にゲーム理論を基礎からもう一度勉強させてもらっている、というわけだ。

企業で実務に携わる多くの人にとって、ゲーム理論は「囚人のジレンマ」以上でも以下でもない。「囚人のジレンマ」に代表される基礎的な理論について一度は学ぶのだが、なかなか具体的な経営課題に対して実際にゲーム理論を活用して解決を図っていく、という

段階には至らない。もっと具体的な思考ツールとして使えるはずなのに、（しゃれではないが）「囚人のジレンマ」のジレンマ、という感じで、隔靴掻痒《かっかそうよう》の感がある。

どうすれば、ゲーム理論をもっと経営の現場で活用していけるのか。その「イロハ」がわかるような本があれば、それなりの価値はあるのではないか。

一方、経営戦略論は、経済学、中でも産業構造論とミクロ経済学に拠ることで、学問の一分野として確立してきた。経済学の中でも、発展著しいゲーム理論の視点をもっと取り入れることができれば、戦略論の新しい展開を考えるうえでも、大きなヒントが得られるだろう。

アカデミズムの世界では、「戦略論とゲーム理論の融合」という取り組みが一部で始まっている。実際の経営に近い立場で、この種の取り組みをしてみるのも、何か価値があるかもしれない。

こういった二つの思惑から、企業の具体的な経営課題を取り上げ、経営戦略論とゲーム理論両方の視点で考えていってみよう、という趣向で、本を作ることになったのだ。

書物という形にするための進行は、なかなか一筋縄ではいかず、少しずつしか進んでいないが、時間がかかる分、私自身は、専門家からさまざまなことを教えていただく幸せな時間をより多く過ごせている。

ゲーム理論については、大学院時代に少し勉強しただけなので、ほぼ素人同然なのだが、具体的な課題に即した議論を通じて教えていただくと、本当によくわかる（少なくとも、そういう気がする）。私の「一流の教師」の定義は、「難しいことを、易しく教えることができる」ということなのだけれど、まさに、そういう状況だ。

「完全市場」は特殊なケース

この「勉強」の中で、面白いなあ、とつくづく思ったのは、「市場メカニズム」についての見方だ。（以下は、あくまで私の勝手な解釈であり、柳川先生の真意と異なるかもしれないので、その旨あらかじめお断りしておく）

ゲーム理論の立場からすると、効率的な資源配分が行われるような「市場」というのは、数多く存在するゲームのうち、（かなり特異な）一つのケースに過ぎない。

ゲームには、次のようなさまざまな状況があり得る。例えばゲームの参加者が他のプレーヤーについて情報を持っている場合、持っていない場合。情報を持っていたとしても一部だけしかわからない場合、相当程度の情報が得られる場合。あるいは、ゲームの進行につれてさまざまな情報が得られるようになる場合。さらに、プレーヤー間で相手に対しての信頼がある場合、ない場合、などなど。

我々の実感から言っても、「市場」での取引や企業間の相対取引には、実にさまざまなバリエーションがある。こういったさまざまな前提での各種ゲームを、「完全市場」という特殊なゲームと同様の重さで取り扱うのが、ゲーム理論の基本的な立場である。

こうやって考えてくると、我々が普段何気なく使っている「市場メカニズム」という言葉は、実は「完全市場」という極めて特殊なケースを前提としていることに気づく。「市場メカニズム」という言葉には、何となく「効率的な資源配分」を自動的にもたらすような響きがある。だが実際には、前提の置き方次第で、効率的に働かなかったり、うまく機能しない「市場メカニズム」も存在するわけである。

もちろん、経済学の専門家の方々は、前提をきちんと定義したうえで、理論展開をしているのだが、実務家はついつい「市場メカニズム＝効率的」と勝手に決めつけて、議論しがちだ。

規制のあり方や産業政策について考える場合だけではない。企業の現場でも、さまざまな形で、市場メカニズムの活用を考えることが多い。例えば、人事制度の検討に当たって

「社内に人材市場を作り、市場メカニズムに従って効率的な人的資源配分を達成する」といった具合だ。

中央集権的な「計画経済」に対して、何らかの市場メカニズムを働かせる「市場経済」が、相対的に効率的なのは事実だろう。しかし、「市場経済」や「市場メカニズムの働き方」には、効率性や機能の面でさまざまな違いがある複数の「ゲーム」が存在する。

じっくり考えてみれば、当たり前のようなこの事実。私の場合、恥ずかしながらゲーム理論の勉強を通じて、再確認させられた。複数の「ゲーム」という観点で、企業と競争相手、企業とユーザー、企業と取引先、あるいは、企業内部の市場、これらをじっくり眺めるようになって、考えつく戦略オプションの数が、随分と増えたような気がしている。

実務に携わる皆さんも、自社の内外に存在するいろいろな「市場メカニズム」について、ゆっくりと思いを巡らせてみてはいかがだろうか。

より幅広い学際研究が経営戦略を拡充する

さて、若干の余談。経営戦略の分野が、ゲーム理論を取り入れて、さらに進化する可能性がある、ということを、前段に書いた。

個人的には、ゲーム理論、およびネットワーク論、という経済学が真剣に取り扱っている分野に加えて、社会学・文化人類学、あるいは心理学の分野との学際研究が、新たなブレークスルーを生むと信じている。

企業内には、「風土」「文化」という個々人の行動を規定する強固なものがある。これを深く理解し、うまく活用したり、適切に変化させたりしていくためには、もっと社会学や文化人類学、心理学的な見地からの理論的研究が必要だと思う。言うまでもなく、経営者から社員まで、論理に基づいた行動だけではなくさまざまな行動をとる要因は、心理学の手助けを借りなければ、解明しきれない。

経営戦略という分野を、その実行に至るまで、すべてのプロセスを扱うものにしていこうとすると、こういった学際研究が不可欠だ。また、競争相手より実行能力が高ければ、それ自体が新たな戦略となるのだから、戦略論自体の拡充にもつながる。

もう少し、柳川先生にゲーム理論を教えていただいたうえで、社会学・文化人類学、あるいは心理学の手ほどきをしてくださる先生に巡り合うことができたら、なんと素晴らしいだろう。それが、最近の夢である。

（二〇〇七年十一月）

2

潮に乗り、
風を背に受けて

1章

アダプティブ・アドバンテージ

紀元前7千万―8千万年ごろ、地球の空には、翼竜の一種プテラノドンの姿があった。本当にどれくらい飛べたのかということについては、さまざまな議論があるようだが、一般的には、翼長七メートルを超す（膜のような）大きな羽を使って、長時間滑空することはできたであろうと考えられている。

面白いことに、彼らは鳥の祖先ではないらしい。最近の研究によれば、プテラノドンが存在した時代には地表を這っていた恐竜のうち、羽毛を持つ種類が、その後現在の鳥に進化したとする説が主流となっているようだ。

白亜紀の末期、隕石の衝突が契機となって、気候が激変。恐竜の大部分は絶滅したとされるが、プテラノドンをはじめとする翼竜は、さらにそれよりも早い時期に絶滅したということだ。

現在の鳥につながる恐竜（の一部）は、なぜこの大変化の時期を乗り切り、さらに進化を遂げたのか。

その他の恐竜や翼竜は、なぜ同じような道をたどれなかったのか。

恐竜の絶滅の原因については、隕石主因説以外にも、さまざまな議論が尽きないようだが、「なぜ絶滅したのか」よりも「なぜ生き残れたのか」の方に興味があるのは、私だけだろうか。

ダーウィン以降、進化論そのものが「進化」を遂げる中で、何が進化を引き起こすのかについては、遺伝子レベルでの突然変異説から、「生物という複雑系自体が進化を引き起こす」という自己組織化論まで、さまざまな理論が覇を競っている。

しかし、「(進化の結果) 新しい外部環境に合う特徴を有する種が生き残った」というダーウィンの自然選択説は、現在でも有力な理論として生き続けている。進化の原因にかかわらず、「変化に適応した進化を遂げる」ということが、(たとえ元の種とは、まったく異なったものとなったとしても) 生物の系統として絶滅を避けるカギであることは確かだ、ということなのだろう。

さて、閑話休題。

プテラノドンではないが、経営戦略は絶滅種のようなものだ、あるいは、経営に戦略は不要だ、という極論がある。

環境変化が激しくなり、じっくり時間をかけて戦略を練り上げても、その戦略を実行する段階では、戦略の前提となっていた市場の状況が刻々と変わってしまう。下手をすると、戦略を作っている間にも、周囲の環境は激変してしまい、出来上がったその瞬間に、的外れな戦略になってしまうことすらある。したがって、戦略を作り、それにとらわれて行動することよりも、戦略など無しで、状況に応じて、その場その場で判断を下し、自らの戦い方を修正していく方がより効率的・実際的である。すなわち、戦略構築は不要である、そして当然のことながら、経営戦略論などというものは意味を失い、絶滅寸前にある。

こういう考え方だ。

私自身は、こういった戦略不要論には基本的には与しない立場をとっている。

第一に、競争相手に対して優位に立つためには、それ相応の時間と投資をかけて「何らかの強み」を作り上げていくことが必要なので、そう簡単に「戦略は不要だ」と割り切るわけにはいかない。

新技術・製品の開発、足腰の強い営業部門作り、あるいは「状況に応じて、判断し、戦い方を修正していく」ためのリーダーシップ・チームやそれを支える神経系統（すなわち、必要な情報をタイムリーに収集し、それに基づく行動修正をこれまたタイムリーに現場にまで落とし込んでいくシステム）の構築。これらは、すべて一朝一夕には成し遂げられないので、何らかの形で、戦略という名の「意思」を持って行動することが不可欠と考える。

第二に、状況変化が起こってから、いちいち判断し行動するというやり方では、常に受身になってしまうリスクがある。

戦略を作る段階で大事なことの一つは、「何を前提としたか」を明らかにしておくことだ。これによって、前提のうち、大きな変化をきたして、戦略の与件として扱えなくなった部分をすばやく判断し、戦い方を修正できる確率、そして反応速度が高まるからだ。

逆説的だが、「前提を明らかにした」戦略があってこそ、前提変化に対応できる力が高まる。

さらに誤解をおそれずに言えば、戦略不要論というのは、戦略は万能であるという考え方の裏返しに過ぎないような気もする。

どんなに頑張っても、戦略というのは「事前の準備」に過ぎない。未来を完全に読みきり、過去のデータに依存しないで「完全無欠な」戦略を立てることなど、できるはずがない。

あくまで、「人事を尽くして」という世界観であり、実行段階に入った瞬間から、競合の動きをはじめ、「何か予想もしていなかったことが、当然起こるはず」という前提で、組織全体が動いていく。これが、強い企業の共通項だと思える。

こういった理由で、私自身は、戦略不要論というのは極論だと考えているのだが、一方で、周囲の環境変化に即して、自らも変化していく能力、言い換えれば、変化適応力というものが、どんどん重要になってきているとも感じている。

情報通信革命が進行するに伴い、「周囲の状況を把握し、それに基づいて、自らの戦い方を修正する」ための情報収集・プロセシング・コストが劇的に低下したのが、最大の理由だが、それ以外にも第I部で触れたようなさまざまな構造的変化が起こっている。

この中で、どうやって「変わるべき時に、必要なスピードで、自らを変えていけるか」ということが、大きな課題になってきている。これは、企業だけの問題ではなく、社会システム全般にも当てはまることだろう。

私の同僚の英国人マーチン・リーブス（ちなみに、現在は米国在住だが、東京駐在時には、日本経済新聞を読みながら地下鉄で通勤し、趣味は尺八、という日本通の人物）が、最近研究しているテーマの一つに、"Future of Strategy"（戦略の未来）というものがある。

彼によれば、産業革命以来、なんだかんだ言っても、「規模のメリット」というのが戦略上の優位性を生む最大の要因だったが、ここ十年ほどの間に、これが大きく揺らいでいるという。各業界のトッププレーヤー（すなわち、同業中、最大の規模を有する企業）が入れ替わるスピードが、明らかに速くなってきている。

戦略の未来を考えるうえで、この原因（その一つは、情報通信革命）とそれに対応した戦い方を考える時期にきている、という意見だ。

彼は、その対応策の一つとして、変化適応力を高めて、優位性につなげる「アダプティブ・アドバンテージ」というコンセプトを提唱し始めている。これは、前述の私自身の考え方ともぴったり一致しており、彼のチームと時折議論しながら、できるだけ早いタイミングで、Future of Strategy のコンセプト全体を世に問うことができるよう、及ばずながらお手伝いしている次第だ。

生物の場合、自らの意思で「どのように進化するか」を選択することはできなさそうに思える。しかし、企業、あるいは社会システムの場合には、そのリーダーや構成員の意思で、一定のシステム変革（＝進化）に向けて動き出すことは可能だ。これから、さまざまな点で大きく環境が変化すると信じるのならば、プテラノドンにならぬよう、自らの進化のあり方について、思いを致していくことが不可欠ではないだろうか。

次章以下で、変革（＝進化）について、いろいろな例やヒントになる事象を見ていこう。

2章 ビジネスモデル・イノベーションを考える

「国際ポテト年」に学ぶ〝ジャガイモの教訓〟

二〇〇八年は、国連が制定した「国際ポテト年（International Year of the Potato）」である。これに合わせたように、『ジャガイモのきた道』（山本紀夫著、岩波新書）、『ジャガイモの世界史』（伊藤章治著、中公新書）といった書籍が、二〇〇八年になって次々と刊行された。海外でも同様に、複数の（料理書ではない）〝ポテト本〟が出版されており、ジャガイモの効用やその歴史的役割を見直そうという動きが急だ。最近の英「エコノミスト」誌に、三つのポテト関連記事が掲載されたのを見て、「へえ」と思われた方も多いだろう。

この「国際ポテト年」は、二〇〇五年十二月に行われた国連総会で決議されたものだが、「食料安全保障を提供し、貧困を根絶するうえで、ポテトの果たし得る役割」に目を向けるというのが、その目的だという。

確かにジャガイモは、寒冷地など厳しい条件の下でも栽培可能、さらに耕作面積当たりの収量が高いという特徴がある。また、糖質に加えてビタミンC、B６などのビタミン、カリウム、鉄といったミネラル類も豊富に含有している。

このため南米ペルー原産のジャガイモは、紆余曲折を経ながらも欧州各地に広がっていき、一部の国では〝主食の座〟に就いた。中でもアイルランドはジャガイモを主たる農産物とし、主食化することで、大幅な人口増を果たしたことで知られている。十八世紀半ばに三百万人強だった人口は、一八四五年頃には八百万人に達した。当時アイルランドでは、英国による土地支配と小作料としての穀物取り立てが大変厳しく、ジャガイモの恩恵なかりせば、この人口増は到底不可能だっただろうと考えられている。

単作（モノカルチャー）の怖さ

十八世紀から十九世紀にかけて、ジャガイモの大きなメリットを享受したアイルランドだが、その後、ジャガイモの疫病に端を発する「大飢饉」に襲われることになる。一八四五年に英国で発生した〝ジャガイモ疫病〟はその年のうちにアイルランドに飛び火し、同年の生産量が四～五割減少。翌年には、九割減というレベルに至ったという。

食料の大部分をジャガイモに依存していたアイルランドにとっては、当然ながら大打撃で、この大飢饉の結果、同国の人口は急激な減少に転じた。一八四五年時点では約八百万人だったが、六年後の一八五一年には六百五十万人にまで減っている。ある計算によれば、仮にそれまでのペースで増え続けていたら九百万人だったはず、とのことなのでほぼ二百五十万人の減少ということになる。このうち百五十万人ほどが飢饉による飢餓、病気での死亡者で、残りの百万人が移民として国外へ脱出した人の数だという。

この人口減の影響は長く続き、現在でもアイルランド共和国の人口は四百万人強、英領北アイルランドを加えても六百万人程度にとどまっている。ここ何年かＩＴ産業を中心に大幅な経済成長を果たしたにもかかわらず、人口は十九世紀のピークには遠く及ばない。

アイルランドを襲った悲劇の大きな原因の一つが、ジャガイモへの過度の依存にあったことは間違いなかろう。食用農作物については、ほぼジャガイモ単作（モノカルチャー）だったことが、ジャガイモ疫病の影響をここまで大きくしたわけだ。同様にジャガイモ疫病に襲われた他の欧州諸国では、ここまでの大飢饉に襲われなかったことからも、単作のリスクの大きさがうかがえる。

ビジネスモデル・イノベーションの必要性

十九世紀のアイルランド大飢饉の逸話は、ビジネスの世界での「単作」リスクを思い起こさせる。クレイトン・クリステンセンが『イノベーションのジレンマ』（翔泳社、原題Innovator's Dilemma）で繰り返し指摘しているように、大成功した技術を有する企業ほど、次世代の破壊的技術革新の波に乗り遅れ、凋落《ちょうらく》していく。

いわゆる「成功の復讐」だが、これは技術革新だけにとどまらず、広くビジネスモデル全般に当てはまることだ。ここ何年かの間に、全くコストベースの違う新興国企業の台頭、ネットワーク化の進展による情報の経済性の変化、あるいは地球規模での環境問題への対応開始といった、もともとの「事業の前提条件」を覆すような変化がいくつも起こっている。こういう状況下では、これまで成功してきたビジネスモデルが、短期間に陳腐化してしまうリスクは相当大きくなってきている。

一方で短期的な効率だけを考えると、「選択と集中」という名の下に、今うまくいっているモデルだけに資源を集中投下する動きは強まる傾向にある。これは別の見方をすれば、既存の単一モデルにすべてをかけるというリスクをとっていることにもなる。

自らの成功モデルを脅かすものは何か。あるいは、自らモデルを変えていくことで、新しい環境下でより強みを持つことはできないか……これが、十年先にも強い企業であり続けるために、経営トップ層が自らに問い続けるべきことだ。「波」だけでなく「潮の変わり目」がやってきている現在、効率のみを重視する経営思想とは相容れないかもしれないが、今こそ、経営者が明確な意志を持って、「ビジネスモデル・イノベーション」を考えるべき時だと思う。

次項では「ビジネスモデル・イノベーション」のパターン、そしてそれを成功に導くための要件について、述べてみたい。

（二〇〇八年八月）

成功するビジネスモデル・イノベーションとは

前項で、二〇〇八年が「国際ポテト年」であることにちなみ、十九世紀アイルランドを襲った、ポテト単作を遠因とする大飢饉についてご紹介した。経営の世界でも「うまくいっているビジネスモデル」への過度の選択と集中が、時として危機をもたらす。したがって成功したビジネスモデルを有する企業ほど、「意図的に」ビジネスモデル・イノベーションを図ることが極めて重要だ、ということも述べた。

では、ビジネスモデル・イノベーションとはどのようなものであり、どうやって実現していくのだろうか。

まず、ビジネスモデル・イノベーションを定義しておこう。

全社的な構造変革を伴う

ビジネスモデルというのは、単純化すれば企業の「価値提供の仕組み」とそれを支える「オペレーションの仕組み」からできている。

例えばあるメーカーは、「特定の顧客（例：日本のマス層のうち、価格志向の強い層）にとって魅力的な独自商品（例：競争相手と同程度以上の機能だが、低価格）を販売」して価値を提供する。

これを可能にしているのは、「人件費の低い国での組み立て加工を中心とした生産・物流体制」であり、「常にコスト低減を継続できるＰＤＣＡ（Plan-Do-Check-Act）システム」や「低価格実現を軸にした研究・開発・生産・マーケティングの組織横断協力」といったオペレーションの仕組みだ。

この「価値提供」と「オペレーション」の仕組みの構成要素を（通常は、複数）変更し、自社の競争優位性を大きく強化することを、ビジネスモデル・イノベーションと呼ぶ。大抵の場合この構成要素変更は、ドラスチックなものだ。したがってビジネスモデル・イノベーションとは、単に従来の延長線上で新しい商品を出すこと、あるいは新技術を導入することではなく、全社的な構造変革を伴うものとなる。

メーカーの場合、ここ数年見受けられるビジネスモデル・イノベーションの典型例は、プロダクト販売業からサービス事業への大転換だ。

米ＧＥ（ゼネラル・エレクトリック）を例に挙げてみよう。ＧＥの航空機エンジン事業は、一九八〇年代初頭には、七割近いシェアを持つ米プラット&ホイットニーの約四分の一程度の規模に過ぎなかった。これが二〇〇〇年前後には、シェア五割を超え、プラット&ホイットニーや英ロールス・ロイスといったライバル企業をはるかに引き離したリーダーポジションを獲得するに至った。

この大きな原動力となったのは、航空機エンジンの販売というモデルを、航空機エンジンの保守サービスと金融サービスを一体化させたビジネスモデルに転換させたことだ。当初新しいモデルを考案したのは、GEの競合であるロールス・ロイスだった。エンジンの稼働レベルを保証し、購入した後に、故障などで実際の稼働が一定レベルを下回った時は支払い価格が下がるような仕組みが考案され、航空会社の支持を得たのだ。

GEはさらにそれを思い切って進め、M&Aも積極的に活用して、自らが航空機エンジンの保守メンテナンス業に本格進出、さらにエンジンの稼働状況の遠隔モニタリング技術への投資や、複数製品の主要部品の共有化といった手も打った。

さらに、GEの低い資金調達コストを生かした金融リース業と組み合わせ、ユーザー航空会社にとっては「エンジンメーカー、保守アウトソース先、ファイナンス提供元」の役割をGE一社がまとめて提供する、という独自の価値提供モデルを作り上げたのだ。

顧客、例えば新興航空会社は、多額の投資をせずに、「一時間当たりいくら」という利用に応じた費用を支払うことでエンジンが手に入る。一方、GE側はモノ売りの収入に加えて、これまで他のプレーヤーの手に渡っていた保守メンテナンスの収入やリース金融の収入も得ることができる。また、保守ビジネスや遠隔モニタリングを通じて故障に関するデータを入手でき、これを生かして故障率の低い製品開発につなげることができるようになった。こうなると保守サービス事業の利益率も高くなるというわけだ。

結果的には、エンジンメーカーであり続けた競合企業とは、全く異なったビジネスモデルに変身したわけである。またGEの面白いところは、この「プロダクト」から「総合サービス」への転換をジェットエンジンにとどめず、医療用機器や原子力事業にも展開していったところだろう。

ビジネスモデル・イノベーションにはこういった「プロダクトからサービスへの転換」以外にも、さまざまなパターンがある。

iPodが実現した、「『製品ハード単体の機能提供』モデルではなく『コンテンツも含め、徹底的に使いやすいユーザーインターフェース提供』モデル」の構築は、誰もがすぐに思いつくビジネスモデル・イノベーションの事例だろう。

あるいは、ネスレ（スイス）。同社は、長らくネスカフェというインスタントコーヒーをスーパーを通じて販売する、というビジネスモデルで、圧倒的なリーダーだった。ところが、エスプレッソやカプチーノを本格的に抽出するマシン、そしてコーヒーを封入した専用カプセルをデパートや直販で提供する、という新たなモデルが、いまや先進国市場での成長の中心となっている。

誰もが考える低コスト商品提供という戦略も、インドの自動車メーカー、タタ・モーターズのように、部品メーカーにモジュールごと開発を任せるという思いきったやり方で二十万円台という圧倒的低価格を実現、新興国ユーザーにモータリゼーションの恩恵を与えるというところまで来ると、立派なビジネスモデル・イノベーションだと言えよう。

経営者は長めの時間軸を見ることが必要

こういったビジネスモデル・イノベーションを、既存プレーヤー、特に成功している企業が実現していくためには、必要条件があるように見受けられる。

いくつかありそうな条件のうち、最も重要なのは「時間軸の仕分け」だろう。

単年度収益を気にする事業責任者は、三年後、五年後に収益を上げるような新しいモデルを思いついたとしても、それを徹底的に練りこみ、ヒトとカネを配分してまで育て上げようという気にはなかなかなれないものだ。

長めの時間軸について、誰が、責任と権限を持つのか。トップなのか、持ち株会社なのか。あるいは、事業から切り離されたプロジェクト組織なのか。特に、現在成功しているビジネスモデルを有する企業の場合、これを曖昧《あいまい》にしていては、誰もが「今日のメシの種」ばかり考えてしまい、いつまでたっても「明日のメシの種」が出てこない。

「未来を拓く」という意志を持ち、誰がどの時間軸に責任を持つかをはっきりさせていくことが、ビジネスモデル・イノベーションの第一条件だろう。

これ以外にも、異質の人材を組み合わせたチーム作り、他業界から本気で知恵を得るための「学び」の仕組み化、自社のビジネスモデルをあえて陳腐化させることを真剣に考える少数のグループを置くなど、さまざまな「コツ」や「カギ」がある。

こういった「コツ」や「カギ」を組織として学習していくためにも、「諸行無常」ではないけれど、今うまくいっているビジネスモデルもいつかは陳腐化する、という意識を経営層が持ち続けることが大事だと思う。

随分と迂遠《うえん》な話になってしまったが、国際ポテト年に興味を持ち、アイルランドのポテト依存がもたらした悲劇について勉強していくうちに、ビジネスモデル・イノベーションとの類似性に思いが至った次第である。

（二〇〇八年九月）

「異質のもの」を避けてはいけない

舌を噛みそうなカタカナ語だが、「オープン・コラボレーション」ということを最近考え続けている。

読んで字のごとく「開かれた協働」ということだから、企業内にある組織間の壁や企業間の壁、あるいは産・官・学の間の壁、といった「協働を閉じた範囲に限定するさまざまな壁」を越えた協働の仕組み・仕掛け、ということになる。

オープン・コラボレーションが重要な意味を持つのは、それがイノベーションにつながるからだ。現時点では、三種類のイノベーションが、オープン・コラボレーションに密接に関連していると考えている。

第一に、コスト・イノベーション。よく知られているように、リナックスは世界に散らばる技術者たちが、無報酬で作り上げた。マイクロソフトが大規模投資を経て作り上げた製品に対抗し得るOSが、「技術者のやりがい」や「エキスパート間での認知」といった心理的インセンティブにより、無償で出来上がったわけだ。

また、ウィキペディアは（一定のプロセスでスクリーニングされるものの）基本的に誰でも、辞書の執筆に参加できる。これまた無償労働に支えられたモデルである。執筆者（および利用者）の範囲が英語版より狭い日本語版でも、収録語数は一流出版社の大辞典を凌駕したと言われている。

こういった多くの個人が「共通の場」に貢献する形態のオープン・コラボレーションは、事業や製品・サービスを作り上げるコストが圧倒的に低く、コスト面でのイノベーションを引き起こしていると言うこともできる。

自動車メーカーと部品メーカーが共に生産性を改善

第二に、生産性イノベーション。ボストン・コンサルティング・グループの専門家グループの調査によると、日米の自動車メーカーの生産性格差の最大の要因は、自社の外、すなわち部品メーカーとオープン・コラボレーションができたか否かだという。

過去十年間以上の日米自動車メーカーの生産性を「自動車メーカー自身の組み立て加工の生産性向上分」と「部品メーカーの生産性向上分」に分解してみると、面白いことがわかる。巷間さまざまなことが言われているが、米国自動車メーカー自身はこの間、着実に生産性を向上させてきており、少なくとも改善率で見れば日本のメーカーと大差ない。ところが、(購入部品の価格低下や在庫低減という形で表れる)部品メーカーの生産性は、日米で大きく異なっている。おおざっぱに言えば、米国はほぼ横ばい、日本では自動車メーカーと同等の改善率を示しているのだ。

企業の壁を越えて、設計段階からさまざまなコラボレーションを行う日本の自動車メーカー・部品メーカーの協働のあり方が、企業の壁を越えた業界全体での生産性イノベーションにつながったと言えよう。

そして、最後がいわゆる「狭義の」イノベーション。革新的な商品・サービスの創造である。前述の二つと同様、いや、それ以上に、日本企業にとって重要な課題となっていることは言うまでもない。

異質の知恵、異業界の技術、等々、異なるもの同士がぶつかり、反応し、融合することで、新たなものが生み出される。オープン・イノベーションが「オープン」であることが、そのまま大きな意味を持つ分野だろう。ただし、どうも我々日本人にとっては、相当苦手な分野でもあるようだ。

異分野との協働に尻込みする日本企業

先だって、カリフォルニア大学ＣＩＴＲＩＳ研究機構の井上隆秀氏のお話を聞く機会があった。ＣＩＴＲＩＳは、正式名称を"The Center for Information Technology Research in the Interest of Society"と言い、環境・エネルギー・安全・医療・教育といった社会の課題を、産・官・学のオープン・コラボレーションで解決していこうという組織である。

二〇〇一年の創設以来、ＩＴを軸としつつも複数の異分野研究の融合によって、さまざまな結果を出してきている（例えば、ワイヤレスセンサーを使って交通量をモニタリングし、その結果を交通量規制に反映させることで渋滞を減らし、環境負荷を下げ、経済的損失も防ぐ、といった試み）。この組織自体のあり方もなかなか面白いのだが、井上氏のお話の中で、二点、大変興味深い部分があった。

まずは、バイオセンサーの研究について。ＣＩＴＲＩＳの研究分野の一つにワイヤレスセンサー領域がある。さまざまなセンサーから得られる情報を、無線で別の場所に転送し、それを活用することで何らかの社会課題を解決する、というのが基本コンセプトだ。

この分野での最近の先端研究は、生物学的（バイオ）センサーの活用にあるらしい。人間や動物の生体情報を集め、それを医療や環境関連の活動に活用していくということだろう。

こういった先端研究の発表会などには、日本からも数多くの技術者が訪れるのだが、彼らは異口同音に「大変面白いが、自分の会社では本格的に取り組み難い」と言うらしい。センサーそしてワイヤレスといった電気・電子、あるいはメカニカルエンジニアリングの分野の組み合わせまでは、従来からある社内の研究体制（及び社外との協力体制）で対応できるのだが、生物となった途端、とても無理だ、というわけだ。

もちろん、バイオ分野については、多くの総合電機企業も目配りをしており、研究者が存在する。したがって、これは「自分の専門分野を越えて、異分野の人たちと何か新しいことにチャレンジするのは、どうも気が進まない」ということに聞こえてならない。研究者自身の「自分の、あるいは自社の守備範囲」に対する自己規定が、オープン・コラボレーションの妨げになっているようだ。似たような話は、ＣＩＴＲＩＳだけではなく、いろいろな企業で耳にするので、どうやらこれは限られた事例ではないように思える。

もちろん、これに対する解決策がないわけではない。井上氏のお話の中で興味深かった二点目が、その大きなヒントになる。それは、氏ご自身が挙げた「オープン・コラボレーションの要件」である。その内容を私なりに解釈すると、以下のようになる。

①参加者間でのコラボレーションの理念・目的意識の共有
②異質との交流を楽しむ気構え、そしてそれを推奨する文化
③コラボレーションのために「汗を流す人」が存在し、そして彼らの貢献を高く評価するメカニズム
④（さまざまな抵抗を打ち破る）強烈なリーダーシップ

どれも得心のいくもので、特に、「異質なものとの協働」に対する心理的バリアーを打ち破るためには、必須のものだと思える。イノベーションを起こすためにオープン・コラボレーションを進めようと考える組織は、これらを必須のチェックリストとして使えば、具体的な手立てを考えていくことができよう。

異質の人材を受け入れられるか

さて、私自身は、さきほどの四点に加えて、さらに「参加者間相互信頼」がオープン・コラボレーションに不可欠の要素だと考えている。信頼関係の成立が、オープンな議論、異見のぶつかり合い、そして、今までになかったアイデアの創造のベースとなるからだ。

この相互信頼という要素、醸成がなかなかもって難しい。同質の文化的背景や知識を

持った人材でチームを組む場合は、相互信頼の醸成は比較的容易だ。相手の考えや行動パターンを推測することが可能で、心理的な不安定さや不満感につながる「サプライズ」が少ないからだ。

ところが、異質の人材を含むチームになった途端、このパターンが成り立たなくなる。異質であるがゆえに、自らの自然な推定が相手にとっては成り立たないのだから、当然だ。（受験エリートに往々にして見られるのだが、）幼少期以来、異質との交流が限定的だった人材がチームの中で多ければ多いほど、この傾向が顕著なように思われる。

日本の教育システムへの「多様な人材によるチーム作り」の組み入れ、企業自身が理念や行動規範を通じて「異質の受容」を徹底的に追求していくこと、などなど、さまざまな打ち手はあるが、いずれにせよこの問題は根深い。

オープン・コラボレーションを通じて、日本企業が前述の三種類すべてのイノベーションの果実を得ようとするならば、井上氏が指摘された要件を満たし、そして、「異質の組み合わせ、多様性の担保」という中での相互信頼の醸成メカニズムを作り上げるために、今日から何をすべきかを検討し、具体策を作り上げ、一日も早く実行に移していくことが求められている。

（二〇〇七年十月）

「もったいない」の発想で資産の生産性を考える

金融危機が実体経済に悪影響を及ぼす状況になってきており、さまざまな企業が対策に乗り出している。この中で、今も昔も最初に手をつけるのが、コスト削減だ。

設計段階からの原価低減、調達手法の全面見直し、ホワイトカラーの生産性向上といったものから、オフィスの電灯を消そう、コピーを減らそう、という〝ケチケチ運動〟まで、おなじみのメニューが目白押しで、日本企業の面目躍如といったところである。

一方、こういったP／L（Profit and Loss Statement＝損益計算書）中心の考え方に加えて、B／S（Balance Sheet＝貸借対照表）、特に資産の稼働改善を考える手法もある。高価な固定資産は、いったん購入してしまうと、その稼働を上げるか、さもなくば売却するかという手を打たない限り、資産効率を上げることはできない。

例えば航空会社であれば、航空機を一日どれだけ稼働させるか、ということが勝負になる。タイムテーブルや乗務員のスケジュールに工夫を凝らし、空港に到着してから出発するまでの準備時間を短縮する。こういった努力の徹底で、百億円を超えるような資産の稼働を、例えば一日十時間から十一時間に上げることができれば、ROA（Return On Assets＝総資産利益率）は、ほぼそれに応じて改善する。

製造業における三直制での工場ライン二十四時間稼働や、繁閑に応じたプライシングによるホテルの客室稼働の向上など、皆同様のアセットプロダクティビティ（資産の生産性）向上策だと言えよう。

ROAからアセットプロダクティビティ改善へ

近年、日本企業は、ROE（Return On Equity＝株主資本利益率）を着実に改善させてきた。この中で中心となったのが、ROAの向上である。

ご存じの通りROE改善には、ROAを向上させるか、レバレッジを上げるか、二通りの方向性がある。低金利であればあるほど、レバレッジをかけて少ない自己資本でより多くのリターンを得る、という手に流れがちなのだが、多くの日本企業は地道にROAを改善させてきた。

これまでのマージン拡大（特にコスト削減）と余剰資産の売却によるROA改善に加えて、アセットそのものの稼働向上を（世界的な金融危機の余波による）当面の景気低迷の中でどう図っていくかが、これから問われることになる。

さて、これまでのアセットプロダクティビティ改善策は、主として企業自身の資産効率改善として考えられてきた。いったん目を外に転じて、顧客のアセットプロダクティビティを改善するということを考えてみると、どうなるか。

例えば、自動車。多くの人は、週末のレジャーユースや日常の買い物の際にだけ使用するために車を所有している。業務用ではない平均的な個人所有の車が、一日二十四時間の中で、いったいどれくらい稼働しているだろうか。どう考えても平均稼働時間は一ケタ、それも下の方だろう。自家用車を保有する個人のアセットプロダクティビティという観点から見れば、この改善余地はものすごいものがある。

米国では、ZIP　CARという会社が店舗を持たないレンタカー会社としてカーシェアリング的なビジネスを急速に伸ばしている。彼らの「必要な際に、必要な時間だけ、安価に車を利用する」というビジネスモデルは、この改善余地に目をつけたものだろう。

例えばニューヨークならば、市内何カ所にもあるカーパークに行き、あらかじめ登録してあったカードを機械に読み取らせ、必要な利用時間と車のタイプを入力する。メンバーシップと支払い方法が確認されると、どの駐車場所に行けばよいかが示され、そこにとめてある車に乗り込み、申し込んだ時間だけ使った後に同じ場所に戻す。

こういった仕組みで、車という高価な資産の保有、そしてそれに伴う費用負担を避けながら、車という利器の利便性を一定程度享受することを可能にしたものだ。

「もったいない」に眠るビジネスチャンス

日本でもいくつかの企業が同様のサービスを開始しつつある。この「稼働が低いまま、個人が保有を余儀なくされている資産」のアセットプロダクティビティ改善は、言うまでもなくエコロジーの観点からも好ましい動きだ。

どうせなら、少しは落ち着いてきたとはいえ燃油が高い時期、かつ個人が自分のバランスシートを見直すべき時期を捉えて、「車を手放そうという個人からの中古車買い取り事業」と「その車を徹底活用できるようなカーシェアリング事業」を組み合わせたようなプレーヤーが出てこないものか、と私自身は思っている。

「企業が自分自身のアセットプロダクティビティ改善を考える」のではなく、「顧客のアセットプロダクティビティ改善を考える」という視点で取り組めば、まだまださまざまなビジネスモデルが誕生する余地は大きいと考えられる。

家で眠っているピアノなどの大型楽器、夜間になるとほとんど使われていない企業のコピー機やその他のOA機器、あるいはオフィスビルのスペースそのもの。世の中には、さまざまな低稼働の資産が眠っている。こういった資産を販売した企業は、販売してしまった段階でその稼働に対する関心度が下がってしまいがちだ。しかし、ビジネスモデル改革という点では、ここに宝の山があるかもしれない。

前述したように、エコ的な観点から考えると、実稼働から必要とされる量をはるかに上回って低稼働となる資産を生産することは、実に「もったいない」。「もったいない、という日本の知恵を見直そう」という運動で知られるケニアのモタイさんではないが、顧客の立場で「もったいない」ものを減らしていく、という手法が、社会的な価値も含めたビジネスモデル・イノベーションの一つのパターンたり得るのではないだろうか。

（二〇〇八年十月）

3章

日本企業の新たな強みを求めて

バブル崩壊後の経験を生かそう

今回の金融危機に当たり、日本のバブル崩壊後の経験が、欧米当局の参考になるはずだという論が盛んだ。確かに政策運営上の失敗、成功ともに、何らかの学びとなることは間違いない。何と言っても、長期間にわたって経済の不振が続き、社会全体が一種自信を喪失した状況になることだけは避けたい。

ここで少しだけ、過去に何が起こったかを振り返っておこう。

最初に起こったのは、バブル崩壊だ。一九八六年から急ピッチで上昇した日経平均株価はおよそ三倍になり、一九八九年末には三万九千円近くに達した。ところが、この高株価は翌年二万円以下をつけるレベルまで急降下。振り返ってみれば、典型的なバブル生成と崩壊の症状を示した。

もう少しゆっくりとしたスピードではあるものの、続いて不動産バブルも崩壊した。三大都市圏の公示地価は一九九一年にピークをつけたが、その後二年間に二五％下落、さらに二〇〇六年まで十五年にわたって下がり続けた。

今から考えると不思議な気もするが、その後の金融危機がはっきり顕在化するまでに、五年以上を要している。一九九七〜九八年の二年間に、北海道拓殖銀行、山一證券、長期信用銀行などの破綻が相次いだ。

バブルがはじけた後、政策当局をはじめとして、不良債権のレベルを過小評価する向きが多かったこと、金融機関の救済に税金を投入することに対して強い反発があったことなどが、これだけの時間を要したことの大きな理由だろう。

ちなみに、名目GDPのマイナス成長は一九九八年から始まっており、二〇〇三年頃まで続いた。とりあえず縮小が止まったのは、金融機関の不良債権処理に思い切った手が打たれ、産業再生機構の活用も含めて、金融・産業一体再生が行われ始めた時期と一致する。したがって、バブル崩壊から金融危機まで五〜六年、金融危機の後始末にさらに五〜六年かかってしまったことになる。

さて、こういった日本の過去についての振り返りはあちこちで行われているが、その多くはマクロ経済政策に関する議論のコンテクストでのことだ。私自身はミクロの視点で、この間、日本の企業が何をしてきたかを振り返ってみることも意義深いと思っている。海外・日本を問わず、企業経営者にとって、これからのビジネスモデルや戦略のあり方を考えるうえでより参考になるからだ。

評価すべき「資産の生産性アップ」

まず、バブル期に日本の企業(ここでは非金融機関について述べる)に特徴的だった行動は、過剰な設備投資と高いレバレッジだ。これも、今から考えると信じがたいことだが、一九八〇年代には「時価発行増資によって利子なしで資金が手に入る」という考えの企業が多々あった。資本コストという概念がほとんどなかったからだ。

この資金の多くは借入金の返済ではなく、新たな設備投資に向けられた。もともと高めであった借入金比率を下げるのではなく、ひどい場合にはさらに借金をして土地の投機まがいの行動をとった企業もあった。

当然、生産性の低い資産を増やした企業は、ROAが低くなる。八九年の段階で、東証一部上場の(非金融)企業のROA平均は一・八%に過ぎなかった。九八年にはさらに〇・四%まで低下した。その後、多くの企業が血のにじむような努力を何年も続け、ROAは二〇〇七年には三・一%にまで戻った。この間のレバレッジレシオ(比率)の推移を見ると、八九年が四・二倍、九八年が三・八倍、そして〇七年が二・八倍と順調に低下している。

要はこの間、日本企業を総体的に見ると、ムダな資産（設備や遊休不動産など）と借金を減らしながら、なんとか利益水準を上げてきたということになる。資産バブルが崩壊した時には、資産価値の見直し、あるいは資産の生産性の見直しが不可欠だが、それをきちんと教科書通りにこなしてきたわけだ。

安易に借金でレバレッジをかけＲＯＥを上げるという方向には向かわず、粛々とやるべきことをやってきたのは、評価に値するのではないだろうか。

今後、欧米の多くの企業が同じプロセスをたどっていくだろう。また、逆に言えば日本企業はこの部分を済ませてしまっている分、（企業ごとに状況は相当異なるものの）資産の生産性アップだけでは凌いでいくのが難しいとも言えよう。これまで通りに、資産の生産性向上をきちんと考えていくことは大事だが、それ以外のことも考えていかねばならない。

「資産の生産性」からM&A、プライシングへ

ではこれから、どういうことが可能なのか。まず巷間言われているように、財務体質の

強固な企業にとってM&Aのチャンスがやってきたのは、間違いない。資産がスリムな分、生産性が高い資産の追加という意味で、他社を買収することは理にかなっていよう。

他にも大事なことがある。例えば、プライシング（価格設定）の徹底見直しだ。需給ギャップが存在する中で、量を稼いで収入を伸ばしていくのは難しい。こうした中で、ブランド構築や付加価値の高い製品へのシフトという形で単価を上げてきた企業は数多い。しかしながら、リベートや流通マージン、あるいはサービスコストまで含めて、会社の中の複数部門にまたがって「実現価格マネジメント」を徹底的に行ってきた企業は、まだ限られている。

これから、欧米先進国を中心に、需給ギャップ型の経済低迷が当面続く市場はかなりあるだろう。この際に、日本市場でこれまでやってきたことに加え、もっと広い視座でのプライシングの見直しが、勝ち残り策として優位性を持つと思う。

また、中期的には付加価値の高い商品へのシフトではなく、本質的な低コスト構造構築にもフォーカスし始める好機にある。気がついてみると、新興国企業はさまざまな市場において、低価格帯で大きくシェアをとり始めている。一部の日本企業が、新興国市場でこれから中流に入ってくる膨大な層（ネクストビリオン）に向けて、徹底的な低価格商品作りに立ち向かい始めたが、まだ例外的だ。これまでの価格アップ策にとらわれて、大きなパイを失うことのないようにしなければならない。

コストばかりに着目せず、プライシングという入口から入って企業のあり方全体を見直す。これがビジネスモデル・イノベーション実行の一つのカギになろう。

資産効率のさらなる改善の継続、M&Aの検討、プライシングの徹底見直し——たまではあっても、一足先に金融危機とそれに続く経済危機を国内市場で経験し、生き抜いてきた日本企業。自らの経営改革の点でさらにもう一歩先に行くことで、金融危機後、より強いポジションを作り上げることができるはずだ。

日本の輸出の根幹部分の一つである自動車産業が苦戦する、というこれまでにない状況が始まっている。何となく暗く自信がないムードが広がっていきそうな今だからこそ、このように考えていくことが大事だと信じている。

（二〇〇八年十一月）

米国の日本占領政策に学ぶM&A成功の極意

一九三九年九月、欧州で第二次世界大戦が勃発してすぐ、米国務省は、自国の参戦前に、対外関係諮問委員会（第一次委員会）を設け、戦後世界についての研究を始めたという。一九四一年十二月の太平洋戦争勃発後、翌一九四二年一月には第二次委員会を設置、同年夏には、その中の極東班が対日占領政策の立案を開始した。そして、これらの検討が、終戦後の日本を形作っていくプロセスに大きな影響を与えていった。

以前、これらのことを五百旗頭《いおきべ》真・神戸大学教授（当時、現在は防衛大学校校長）から教えていただいた時には、本当にびっくりした。一九四二年夏といえば、まだ、日本が緒戦の勝利に酔っていた頃である。その段階で、米国内の数少ない日本専門家を呼び集め、その視点で占領政策を立案し始めるというのは、用意周到という表現だけでは形容できない、「決着がついた後」に対しての深いこだわりがあって初めて可能になることだ。

適切に行われない「決着がついた後」の準備

さて、現在の日本を覆う業界再編、Ｍ＆Ａの流れは、とどまることを知らないようだ。毎日のように、何かしらの再編、Ｍ＆Ａ関連のニュースが報道されている。買収防衛の観点から、同業他社と合併して、時価総額を上げようとする動き。あるいは、日本企業を対象とした大量の買収資金の流入。さらには、総合商社や一部金融機関の「投資業」化。そして、成長戦略実現の大きな原動力としてのＭ＆Ａ活用。こういったさまざまな要素が絡み合って、次々に、新たな合併案件が成立していく。

こういったニュースを目にするたびに、「決着がついた後」の準備がどれくらいなされているのだろうか、と考える。

よく知られているように、大型の企業買収・合併案件のうち、かなりの割合が企業価値の純減に終わっている。要は、株主の視点から見れば、失敗に終わっているわけだ。もちろん、非常識なプレミアムを支払ったことによる「高値づかみ」の例も少なくないが、失敗例の多くは、合併後統合（ＰＭＩ：Post Merger Integration）の不備による。企業風土の違いによる軋轢《あつれき》、優秀な人材の流出、不明確な責任権限とプロセスからくるシナジー未達成などなど、合併後統合の問題は、多くの企業に共通している。

本来、先人の失敗事例があれば、その轍《てつ》を踏まないようにする、あるいは、失敗の確率を下げるということは可能なはずだ。

しかしながら、

①案件が進行している段階では、その成立の可否が最大の関心事になりがちで、「決着がついた後」のための準備作業がおろそかになる、

②そもそも、多くの企業の経営者にとってＭ＆Ａは「何十年に一回」の出来事であり、何を事前に準備しておくべきか、本当にはわからない、

ということから、実際には、合併後統合の準備がなかなか適切に行われないというのが、実情であろう。

相手の内部を知る人がいるか

合併後統合の留意点については、語られる機会が増えてきている。先行企業から学ぶこともできるだろうし、次第にそのエキスパートも誕生してきているので、ここで繰り返すことはしない。ただし、米国の対日占領政策立案チーム組成から学べることについて、一つだけ述べておきたい。それは「相手を内部から見たことのある人」の重要性だ。

対日占領政策立案の中心的存在であったコロンビア大学助教授のボートン氏は、東京大学への留学経験があり、日本語が堪能、日本美術にも詳しかったという。こういった「相手を中から見た経験のある人材」を探し、口説き、戦後処理の政策立案に当たらせたことが、（米国の立場から見た場合の）日本占領成功の遠因になっていると思われる。

大型の企業合併の場合でも、相手企業のOBのような「相手を中から見た経験のある人材」を意識的・積極的に活用する価値は大きい。特に、企業風土の違いからくるソフトな課題について、事前に十分な仮説を立てる。それを踏まえ、買収される側の社員が最も気になる新しい人事・評価制度の根幹について、相手側とすぐに擦り合わせが開始できるような案を作っておく。こういうことが重要だ。

人材の流動性がまだまだ低い日本企業の場合、「自分の風土」の特殊性に気づく機会は少なく、また、異なった風土に対するセンシティビティーにも欠けがちだ。この弱みを、「相手を中から見た経験のある人材」を活用することで、少しでもカバーできれば、再編、M&Aの成功確率は、相当程度高まってくる。

ところで五百旗頭氏は、『日米戦争と戦後日本』（講談社学術文庫）という著書の中で、一九八〇年代初めに東南アジアで流行したというジョークを紹介しておられる。

経済運営に苦しむ某国首相に対して、「アメリカに対して宣戦布告するのが一番の解決策」だという助言がなされる。なぜかと問うと、「(アメリカとの戦争に負けて占領されたら)アメリカは思い切った非軍事化と民主化、そして経済再建のための占領改革を断行するでしょう。間違いなく日本みたいに発展できます」という答えが返ってくる。

現在のイラクを巡る米国の動きを見ると、隔世の感があるジョークである。

(一九九〇年代からの日本の経済停滞についても、同様の感があるが……)

(二〇〇七年三月)

選択肢は敵対的ＴＯＢだけではない
――ハプスブルク家の繁栄を築いた婚姻政策

「戦争は他の連中に任せておけ。幸運なオーストリアよ、汝は結婚せよ」――。ハプスブルク家の婚姻政策を表すものとして、よく知られている言葉だ。

ハプスブルク家は十三世紀末にウィーンに拠点を移して以来、紆余曲折を経ながらも、一九一八年のカール皇帝退位まで、六百年を超える期間、欧州の有力勢力であり続けた。この長期の隆盛は、少なくとも近世以降の欧州では他に類を見ない。

ハプスブルク家はマクシミリアン一世の子供と孫の婚姻を通じて、次々に領土を広げていった。「戦争よりも婚姻」というマクシミリアン一世が残した家訓は、ハプスブルク家の長期の繁栄の重要な要因の一つとなったように見える。マリア・テレジアも、その娘マリー・アントワネットも、そして悲劇の皇妃エリザベートも、この婚姻政策がなければ、歴史の表舞台には登場しなかったかもしれない。

戦争による領土獲得から学べるもの

二〇〇六年に大きな注目を集めた王子製紙による北越製紙への経営統合提案、そしてその挫折を通じて、「日本でも本格的な敵対的買収の時代がやってくる」、あるいは「日本では敵対的M&Aは成功し難い」といった議論が盛んに行われるようになった。

私の場合、こういった議論を聞くたびに、ハプスブルク家のことを思い出す。敵対的買収は、いわば戦争による領土獲得のようなものである。一方で、提携から始めて統合に至る「婚姻」型のモデルが存在するのに、そのメリット・デメリットの議論が欠落しているように思えてならないからだ。

経済行為であるM&Aと、政治・軍事・経済のすべてにわたる国の支配権を巡る争いは、もちろん別種のものだが、ハプスブルク家の「戦争よりも婚姻」という政策から、ヒントを得ることは十分可能だ。

ハプスブルク家の時代に、戦争ではなく婚姻を通じた領土拡大がなぜ有効だったのかを考えてみよう。キーワードは、「正当性」と「段階的受容」だ。

近世から近代の国民の感覚からすれば、王統の正当性はまず血族関係が基盤だ。結婚を通じて現王朝と血族となった人物が、新たな支配者となることには、一定の正当性がある。武力侵略によって、血族関係も何もない他国の王朝が支配者となる場合とは、大いに違う。

「正当性」が存在する婚姻関係の場合、宮廷貴族なり一般国民なりが、戦争による支配者変更よりも受容しやすいことは間違いなかろう。周囲の他の王朝も、自らの王統継続が王朝支配の基盤となっている立場上、血族関係による「正当性」については、少なくとも論理的には受け入れざるを得ない。

また大抵の場合、婚姻関係からもたらされる支配者変更は、一朝一夕にはなされない。まず親族関係が持たれ、その後一定期間経過後に、元々の王家の中で王位継承が難しくなって初めて王朝の変更となる。急激な変化よりも段階的な変化の方が受容されやすいのは世の常だ。この間、新しい王家、例えばハプスブルク家の側が、人心掌握のために適切な振る舞いをすれば、宮廷貴族や国民から素直に受け入れられる状態を作ることも可能だ。

企業は株主だけのものではない？

戦争と婚姻政策を、「敵対的買収」と「提携を経た経営統合」になぞらえてみよう。

そもそも敵対的買収とは、「現行経営陣にとって敵対的」という意味で使う言葉である。理屈で言えば、現行経営陣が反対していても提案内容が企業価値を高めるものであれば、既存株主には大きな価値をもたらす「友好的」提案たり得るし、現行経営陣より良い経営が行われるならば、社員にとっては決して「敵対的」なものとは限らないはずだ。

ところがこの言葉が往々にして、「社員と経営陣にとっての『敵』が、企業を乗っ取ろうとする提案」という意味で受け取られてしまいがちである。日本の場合、企業は株主だけのものではなく、社員、そしてその中から内部昇格した経営陣も含めたステークホルダー全体の共有物だという意識が強いからだ。

このため、王家の支配について、宮廷貴族や国民が「血統による正当性」という感覚で判断していたように、社員と現経営陣が「正当性ある株主の変更」と判断することが、買収受け入れの条件のようになってしまう場合が多い。

もちろん最終的には、株主自身が経済合理性に基づいて、買収提案の受け入れについて判断を下すのだけれど、経営陣と社員が相手企業を「敵」と見なすと、株主の判断にも大きな影響が及ぶ。「ヒト」と「知識」が価値を生む時代になればなるほど、社員の離反が企業価値の低下に即つながる危険性があるのはご存じの通りだ。そのため株主としては、

（新会社の株を保有し続けるのならば）経済合理性の観点からも素直に賛成できなくなる。

やっかいなことにたいていの場合、「血縁関係の経営陣と社員」対「買収相手」という構造から、感情的理由の方が合理的理由を上回って、「正当性」を判断する基準が曖昧《あいまい》になりがちである。

買収を提案する企業が、株主、社員、あるいは取引先にとってのメリットを訴え、支配者（所有者）交代の正当性について理解を得ようとしても、「今まで仲良くやってきたところに、外部からの侵略者がやって来る」といった情緒的な側面から、経営陣と社員が「正当性」を否定する。

あるいは、現経営陣が自らの地位と独立性を担保するために、「正当性」を認めない、ということもある。株主の権利の観点からは、これは明らかにおかしいのだけれど、社員と現経営陣というステークホルダーの理解が得られないことには、先に進みにくいし、仮に支配権の交代に成功したとしても、統合して企業価値を上げるのは決して簡単なことではない。

実質的に「勝てそう」なやり方はどれか

敵対的TOB（株式公開買い付け）策は、この状況を抜け出すための、いわば正面突破策である。しかし、それは唯一絶対の方法ではない。相手企業が買収提案に否定的な場合は、支配関係の急激な変更ではなく、まず「婚姻」関係に入るというやり方もある。「婚姻」関係に入ったうえで、相手企業の状況、例えば投資の必要性、経営陣の世代交代のタイミングなどをにらみながら次のステップに進んでいけば、「段階的受容」に持ち込むこともできよう。

単純な株式持ち合いは無意味だが、きちんとした事業提携と株式の保有関係を連動させることから始めることは、あり得るだろう。意思決定のルールをきちんと確立したうえで、事業の一部を切り出して、ジョイントベンチャーを作るというやり方もある。あるいは、川上・川下型の提携を深め、実質的に一企業として運営していく手法もあるかもしれない。

方法論は個々のケースに応じて決定すべきことだが、まずさまざまな「婚姻」型提携を行うというオプションも考え、敵対的TOBを含む買収形態の複数オプションと比較検討したうえで、実質的に「勝てそうな」やり方をとるというのが、知恵のある経営手法ではないだろうか。

複数のシナリオを描こう

ハプスブルク家の長期的繁栄の理由は、「戦争より婚姻」という政策だけではなかった。婚姻相手が、王朝の継承者を欠くという運に支えられたことは否めない。さらに、スペインの植民地経営に基づく経済力、そしていざとなったら戦争で勝てる軍事力を持っていたことも忘れてはならない。実はハプスブルク家は婚姻による領土拡大だけでなく、さまざまな戦争を行ってきた。経済と軍事、という力があってこそ、婚姻関係にある王朝がその庇護《ひご》を求めたのであろう。

企業同士の場合も、自らが、競争上の優位性と財務面での強さを持っていない限りは、提携から統合に進めていくことは困難だ。婚姻型の提携策には、こういった前提条件が必要だし、これがすべてのケースで万能の手段であるはずもない。

しかし「敵対的買収が根づくかどうか」という議論よりも、「戦争もあれば、婚姻もある」という視点で、会社の将来像に向かって複数のシナリオを描いていくことの方が、経営者にとっては重要なことだと思う。

（二〇〇六年九月）

プライシングＴＱＭの勧め

日本企業にとって本来の得意技があるのに十分に使い切れていない分野、その一つがプライシングＴＱＭ（全社的品質管理）だ。

営業現場でのプライシングの「ばらつき」に着目し、実現価格を上げていく。そして、営業発のプライシング見直し運動（いわば営業のＱＣ活動）を全社に広げ、プライシングにかかわる企業活動全般の見直しにつなげる（ＴＱＭ）ということだ。

製造業を中心に、日本企業はＱＣ（品質管理）、そしてＴＱＭといった現場を巻き込んだ「カイゼン」運動に取り組み、結果として高い品質と低コストの両立を果たしてきた。ただしＱＣ、ＴＱＭといった活動は製造現場発のものが中心で、営業現場に適用している企業は数少ない。逆に言えば、得意技を活用して収益向上を図る大きなチャンスが残されている、ということでもある。

ＱＣ活動の定石の一つは、ばらつきの測定だ。製造現場の場合、製品の許容誤差や歩留まり率など、さまざまな項目についてばらつきを測定し、その原因を突き止め、カイゼンを続けていく。

消費財企業の営業現場では

営業現場でのプライシングの場合は、どういうばらつきを測定するのか。

例えば、ある消費財企業のケースを考えてみよう。この会社では、売り上げに計上される卸向けの商品出荷価格は本社部門が決定し、現場では卸向けリベートや小売り向けの販売促進費といった項目を、支店単位の費用予算の中でコントロールしていた。支店としては、売上予算を達成し、費用予算も一定の範囲内に収めることが求められていたのだ。

この会社の場合「支店単位」というのがクセモノで、それ以上細かい内容についてはブラックボックスになってしまい、個々のプライシングの妥当性のチェックや支店を超えた整合性の確保は、ほとんどなされていなかった。

本当に現場で何が起こっているかを見るために、個々の小売企業別にある商品の実現価格をプロットしてみたのが、図1だ。

机上の出荷価格ではなく、各小売企業のために使われたさまざまな販促費、リベートといったものをすべて差し引いた実現価格と売り上げを示してある。

一見してわかるように、実際の実現価格のばらつきはものすごく大きい。本来ならば、大きな取引先に対しての実現価格はやや低く、小さなところについてはそれより高い、といった一定の相関があるはずなのだが、この図を見ると全くランダムな状態になってい

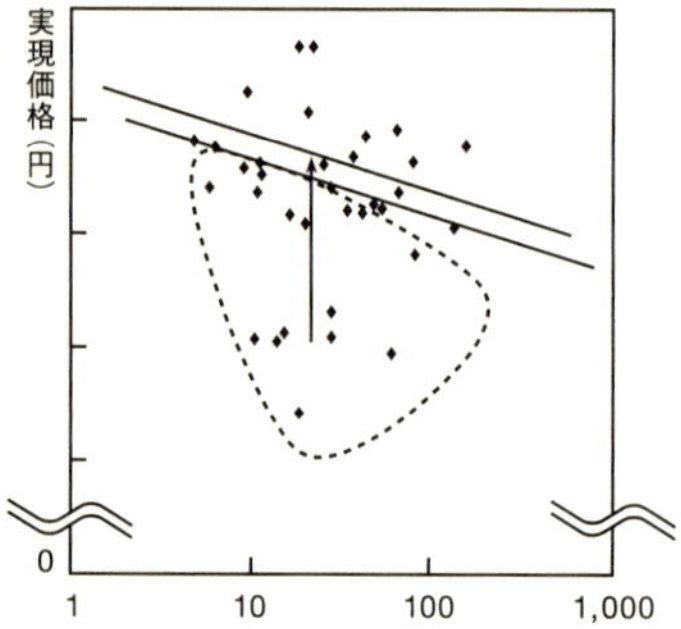

〈図1　小売企業別の売り上げvs実現価格(分析例)〉

る。

この会社の場合、このばらつきをきちんと把握することが、プライシングＴＱＭのスタートポイントだった。手間はかかっても、プライシングの実態をきちんと把握し、そのうえで現場と本社のサポート部門が一緒になって、ばらつきの原因を解明する。そして、一つずつ「あるべき幅」の中に収めていくというプロセスが、ようやく始まったわけだ。

いろいろ調べていくと、過去は大きな取引先だったが業績不振で最近振るわない小売りに対しても、「過去からのつき合い」ということで好条件が提示されていたり、逆に、最近どんどん伸びている小売りに対して、本来もっと販売促進をかけるべきなのに、前年比での販促予算の枠が足枷になって積極策がとれない、といったさまざまな「ばらつきの原因」が明らかになった。

個々にはそれぞれの「事情」があるのだけれど、プライシングＴＱＭを導入するまでは、営業担当とせいぜいその直属の上司のみが状況を知っており、組織内で全く「見える化」できていなかったのだ。

ばらつきをマネジメントすれば実現価格はアップする

このケースでのばらつきマネジメントの潜在価値は大きい。理論的には、このばらつきのうち、大きく下振れしているケースを平均値並みにするだけで、実に実現価格が三％アップすることになる。

測定、原因の洗い出し、施策の実行、そしてさらに測定。こういったＱＣ活動には、大変な手間がかかるものだが、実現価格の三％アップは利益率の大幅な改善につながるわけで、これを手つかずにしておく手はない。

面白いもので、この手のことをやっていくと、営業現場から商品開発部門や物流部門に対して、「現場の実現価格アップのために、こういったカイゼンをしてくれないか」という声が出てくるようになる。ここまで来ると、製造現場発のＱＣ運動がどんどん上流部門を巻き込んでＴＱＭ化していったのと同じような流れが出来上がっていく。

原料価格上昇に加え、さらに人件費が低い新興国からの競争にもさらされている日本企業は、お家芸の原価低減策と「付加価値の高い商品作り」で、この難局を切り抜けようとしている。

この二つに加えて、プライシングＴＱＭで実現価格を「カイゼン」し続ける、営業現場にもばらつきマネジメントというコンセプトを持ち込む、こういった施策にも、今こそぜひ挑戦してみるべきではないだろうか。

（二〇〇八年六月）

4章

変化できる「力」

企業は三種類の時間感覚で成長する

学生時代からバンド活動をしてきた。いわゆるリズム&ブルース（R&B）と呼ばれるアフロ・アメリカン音楽だ。才能も努力も足りず、恥ずかしながら大したレベルには達しなかったが、いまだに時々仲間とライブをやったりしている。

自分の腕は上がらなかったものの、他人の上手・下手は少し聞き分けられるようになり、気づいたことがある。うまいミュージシャンは、三種類の時間感覚を持っているということだ。

一番短い時間の感覚は、ジャズの世界の人たちがよく言う「タイム感覚」という微妙な間（一説によると、百分の一秒単位で、リズムの違いを表現できる人までいるらしい）。これがノリとかグルーブとか言われる「格好良さ」を生む原動力になる。

もう少し長くなると、八小節とか一コーラスという一定の音楽表現が完了する時間の感覚。この中ぐらいの時間全体をイメージしながら自分のプレイを構築していくことで、彩りの鮮やかな表現が可能になる。

そして曲全体という単位、場合によっては、コンサート開始から終了までという単位での長い時間感覚。これがあるプレーヤーは、メリハリのついた曲、ステージを構成することができる。

「この人たちはうまいな」と感心したミュージシャンは、明らかにこの三種類の時間感覚を、「同時に」使いながら演奏しているのに、気づかされた。「そこそこできる」というレベルだと、この三種類のうちどれか一つくらいは優れているのだが、身体の中に、三種類の感覚すべてを持ち続けることができず、聴く側からすると「中途半端だな」と感じるような演奏になってしまう。

成長企業が使い分ける時間軸

さて、ここからが本題。最近、ボストン・コンサルティング・グループで、(日本を含む) グローバル企業二十数社を対象に、戦略構築の手法・プロセスについて、ベンチマーク調査を行った。調査の結果で最も面白かったのが、戦略に関する「三種類の時間感覚」の存在だ。

相当期間にわたり継続して利益を出しながら成長を続けている企業の大部分は、「意識的に」三種類の時間軸で戦略を作り、実行していることがわかった。つまり、一年単位の予算と連動した「年度計画」。三〜五年単位の「中期戦略」。そして十年レンジの「長期ビジョン」、の三種類である。

設備投資や研究開発のリードタイムの違いから、この三種類の「戦略」の重みづけは個々の企業によって異なるが、ほぼすべての好業績企業（グループ）は、きちんと三種類を使い分け、また、それぞれの利用目的や使い方も明確に規定している。

例えば、次のような具合だ。年度計画は、各事業部門が達成すべき数値目標として、取り扱われる。中期戦略は、持ち株会社やコーポレートといった、いわゆる本社部門が主導して策定し、部門間の経営資源配分を行ったり、事業部門主導の成長投資の可否判断の軸として使う。そして、十年単位の（多くの場合、現在の事業の延長線上ではない）新しい成長分野作りは、本社部門の責任であると規定している。そのうえで、ＣＥＯ主導で、長期の研究開発投資や成長のタネ作りのためのＭ＆Ａ投資を行う際の指針として「長期ビジョン」を使う。

音楽における三種類の時間感覚同様に、これらが常に同時並行的に存在し、主要な経営層が、その感覚を共有しているのも特徴的だった。

「長期」の時間軸が成長には欠かせない

資本市場のプレッシャーが強まる中、日本企業でも「必達の数値目標」として、従来以上に年度計画の精度を上げることに意を注ぐ例が増えてきている。また、中期計画も大抵の企業が作っている。ところが、長期ビジョンと企業理念を混同している企業が多く、本腰を入れて長期の指針を作っている企業は数少ない。多くは、「スローガン」のような作文にとどまっているのが実情だ。

長期になればなるほど将来予測は困難になるし、数値目標はほとんど意味のないものになりがちなのは事実だ。しかし、企業が現状の延長線以上に成長を続けようと思ったら、たいていの場合、「長期に花が咲く」分野に対して、継続的な投資が必要となってくる。

これを研究所任せにしたり、スローガンどまりにするのではなく、トップと本社機能が責任を持って、「こちらに向かって進むぞ」という旗を掲げ、日々の数字に追われる事業部門から切り離した形で、テーマに沿った投資を進めていくことが、どうしても必要だ。「イノベーション」「イノベーション」のかけ声が数限りなく聞こえてくる今、日本の企業経営層は、二種類ではなく三種類の時間感覚を持ち、長期の方向性の打ち出しとそのタネまきを自らの仕事として捉えていかなければならないのではなかろうか。

本来、日本企業は、長い時間軸で経営を捉え、長期的な成長を目指してさまざまな投資を行ってきたはずなのだから。

（二〇〇七年六月）

風、桶屋、そしてバタフライ
――波及効果を読める組織作りとは

「風が吹けば、桶屋が儲かる」という成句は、皆さんご存じだと思う。

風が吹けば目に埃《ほこり》が入って目を病む人が増える、その人たちが三味線弾きになり三味線にするための猫の皮の需要が増える、猫が数多く捕らえられてネズミの数が増え、その結果、ネズミにかじられる桶が増えるので、桶の需要が増えて桶屋が儲かる……という、迂《う》遠《えん》な因果関係の起点と終点を述べたものだ。アリストテレスの三段論法ならぬ、六段、七段論法である。

この成句は、牽強付会《けんきょうふかい》（理屈や道理に合わないことを、自分に都合良いように無理にこじつけること）の論理に対して皮肉るために使われたり、一見無関係なことがらのつながりを半ば冗談めいて説明したりする際に、用いられる。

ただ最近では、これぐらい遠い波及効果まで、大真面目に考えることが大事なのではないか、と思うようなことが数多くある。

波及効果を読みきれなかった行政と企業の失策

例えば、いわゆる「コンプライアンス不況」をもたらしたと言われる一連の規制強化だ。建築基準法を改正し、耐震強度のチェックを厳しくする。方向性としては全く正しいことだろうが、建築確認の現場では、チェックを実行する能力が質・量ともに不十分であり、結果として、建築許可の取得が大幅に遅延し、建設着工が減少、最終的には経済成長のマイナス要因にまでなったとされている。

金融商品取引法による投資信託販売の落ち込みや、上限金利の見直しに伴う個人事業主や零細企業の資金難といったことも同様だろう。消費者保護の観点から、リスクのある商品を販売する際の説明強化を行う。あるいは、多重債務者を発生させないように上限金利を引き下げ、貸金の総額を規制する。どちらも政策目的としては正しいが、実行されていく段階で、(少なくとも政策立案側からは)あまり予想されていなかったレベルの大きな影響が出てしまった。

なんらかの「風」を起こそうと思うならば、三味線、猫、ネズミ、そして桶屋のところまで、「波及効果を、できる限り読みきる努力をする」ことが必要なのではなかろうか。

行政だけではなく、企業においても同様のことが起こっている。

最近になって、あちこちで見直しの動きが急な「成果主義」型人事制度。これも、年功給一辺倒からの脱却という意味においては、大きな方向性として決して間違ってはいなかったと思う。

しかし「成果」を測り難い部門や、「成果そのもの」が短期間で測れない職種について、モチベーションダウンの可能性をどう考えるか、あるいは、個人ではなくチームで「成果」を上げる仕事がうまく進まなくなる副作用をどう防ぐかなど、問題は山積みだ。

もう少し波及効果を事前に読み、それを織り込んだうえで、原理主義的な形ではなく日本企業の現場の経営実態に合わせた形で制度設計を行い、十分な運用準備をする必要はあったのだろう。

では、多岐にわたる波及効果を読むには、何が必要だろうか。

異質な視点も取り込み、広範囲な対話を重視

まずは、異質な視点の取り込みが重要だと思う。こうなればこんなことが起こる、という波及効果を幅広く考えていくには、自分と違った経験を持つ人や、異なった立場の人から多様な意見をもらうことが不可欠だ。

異質な視点やバックグラウンドを持つ人を組み合わせてチームを作る。あるいは、他部門や顧客といった違う立場の人たちに、必ずヒアリングする。これらを抜きにして、同質な集団の中だけでの議論で新しい施策を組み立てていくのは、危険極まりない。

企業や行政機関の「企画」部門が、同じような学歴、職歴の人材だけで構成されている例は多い。この種の同質組織に限って、「ソト」の意見を積極的に取り入れる姿勢に欠けがちだ。ここには明らかにリスクがあるように思える。

言い方を変えれば、企画プロセスを対話型にする、ということでもある。企業ならば、関連部門や取引先といった波及効果の対象となるような人たちと対話しながら、施策を作り上げていく。行政ならば、規制の実行機関、規制を受ける会社や個人との対話を、政策立案プロセスの中に組み込むということだ。

ＩＴシステムの構築に当たって、ユーザーも巻き込んだプロトタイプ（雛形）作りを優先する、という手法が使われるようになって久しい。システムの世界だけではなく、もっと広く「政策」「施策」作りにおいても、初期段階から関係する広範囲な人々との対話をベースとして雛形を作るという手法を取り入れる価値は大きい。

さて、冒頭の「風が吹けば桶屋が儲かる」と似たような話で、「バタフライ効果」と呼ばれるものがある。米国の数学者・気象学者であり、カオス理論のパイオニアであったエドワード・ロレンツが一九七二年に行った講演のタイトル"Does the flap of a butterfly's wings in Brazil set off a tornado in Texas?"（ブラジルでの蝶のはばたきは、テキサスで竜巻をひき起こすか）に由来したものだ。

カオス理論、非線形科学、あるいは複雑系といった考え方をきちんと説明しきるのは筆者の手に余るが、この考え方の骨子は、「さまざまな事象相互が複雑に影響し合っているシステムの場合、ほんの小さな初期条件の差で、結果が全く異なったものになる」ということらしい。

気象シミュレーションモデルの中で、ほんの小さな違い、すなわちブラジルで蝶がはばたいたかどうか、があるだけで、結果的に竜巻が起こるかどうかといった大きな違いが生じてくる。

もちろん、これは比喩的な表現だが、複雑なシステムの中では、当初の想像を超えて、思ってもみなかったような結果が表れることがある、ということでもある。

前述のように、「波及効果を可能な限り深く読む」ということの重要性は変わらないと思うが、社会経済、あるいは企業という複雑系のシステムの中では、読んでも読みきれない部分があることを受け入れる必要もあるようだ。

事前の読みだけでなく、時には迅速な施策変更も

これへの対処は当然、事前の読みだけでは足りない。政策や企業の施策の実行に当たっては、全体に大きな影響を及ぼすクリティカルな事柄について、予想外の進展に備えたモニタリングの仕組みを作っておくこと。そして、状況に応じて柔軟な施策変更ができるように、意思決定の仕組みを整備しておくこと。この二つが、有効な打ち手となる。

風から桶屋まで、対話を通じて「その先」の読みを深める。さらにそのうえで、蝶のはばたきによる不測の事態に備えて、必要とあらば「朝令暮改」も可能となる仕組みを作っておく。

官であれ、民であれ、多くの範囲に影響を及ぼすリーダーにとって、肝に銘じておくべきことの一つではないかと思う。

(二〇〇八年五月)

人材と環境資源が企業経営の「ものさし」になる

企業経営で大事なことの一つは、さまざまな指標の中で何を「中心指標」とするか、ということだ。

高度成長期から石油ショック、そしてバブル経済を経て、長いデフレ期。この間、日本企業の中心指標は、変化を遂げてきた。

高成長の中で勝ち残ることが最重要だった時期は、売上成長率とシェアが中心指標だった。前年比でどれだけ成長できるか、伸びる市場の中でライバルよりもより多くのパイを取ることができるか。……これが、経営をドライブする最重要の「ものさし」だったのだ。

もちろん、設備投資に必要な資金の多くを借り入れに頼っていたことから、借入金比率も重要だったし、製造業においては在庫に関する指標を懸命にマネージしてきたのも事実だが、会社全体の中心指標は、やはり売上成長率とシェアだった。

ROSからROEへ

その後、中心指標は、効率性・生産性の概念を強く含む、売上高利益率（ROS：Return On Sales）にシフトしてきた。

売り上げとシェアを確保していれば利益は後からついてくるというわけにはいかなくなり、コスト効率の改善、そして付加価値の高い商品・サービスの提供による価格プレミアムの確保が、より強く求められるようになった。

これらを総合的に見ていくうえで、言うまでもなくROSは非常に役に立つ。社内外に経営効率を簡潔に示し得るものさしとして、ROSが長らく中心指標の役割を果たしていたのも当然だろう。

そして、ROEの時代が始まった。株主の立場に立てば、自分たちが提供した資本を最大限効率的に活用してくれているかどうかを見るには、ROEが重要となる。資本市場からの評価が経営者の評価に直結するようになり、経営者自身もROEを中心指標として位置づけるようになってきた。

現在はROEを中心指標としつつ、それを高めるために、資本コストを超えたリターンを得る事業投資を行ううえでの補助指標として、「経済付加価値」（EVA：Economic

Value Added）や、「投下資本利益率」（ROIC：Return On Invested Capital）、そしてさまざまなリスク要素を定量化するものさしが、日常的に使われるようになってきている（当然ながら、ROEは、ROS、資産効率、D／Eレシオ〈Debt Equity Ratio〉といった項目に要素分解できる指標であり、これらをすべて包含しているという言い方もできる）。

こういった流れを振り返り、やや乱暴なまとめ方をすることをお許しいただければ、「前年比主義の時代」「利益の時代」を経て、「資本効率の時代」になってきたという観がある。

優秀な人材こそが希少資源

さて、ROEを中心とする資本効率指標は、前述のように株主の立場からは当然最重要なものさしの一つと考えられよう。しかし、経営者が自らの経営のものさしとし、社内を引っ張っていく中心指標とするには、これだけでは不十分ではないだろうか。

資金確保が困難で、リスクを取ってくれる「お金」が足りない時代ならば、その「お金」をどう効率的に活用しているかという指標は、経営者自身にとっても最重要のものさしとなり得よう。

しかし言うまでもなく、現在は「カネ余りの時代」だ。サブプライムローン（米国の信用力の低い個人向け住宅融資）問題に端を発して、金融市場が混乱していることから、こしばらくは「カネ余り」感が薄れるだろうが、世界的な低金利、そして資源国や新興国の資金余剰が続く限り、巨視的に見れば「カネ余り」であることに変わりはない。

これからの経営のものさしは、「お金」以外の希少資源をどう効果的・効率的に活用しているかを、はっきりと指し示すものである必要がある。「お金」以外の希少資源として、今重要なものは、第一に「優秀な人材」、そして温室効果ガスや水といった「環境にかかわる資源」だ。

設備投資とそのための資金確保は、今後とも企業経営の重要事項であり続ける。しかし、競争相手と差別化し、優位性を築いていくには、それだけでは足りない。いわゆる「知価社会」においては、ほとんどすべての業界で「知的財産」を生み、競合との差別化を成し遂げていく「優秀な人材」こそが希少資源となる。

こう考えると、「人的資本利益率」（Return On Human Capital）といった指標を何らかの形で作り上げ、それを経営のものさしとしていくことが必要なのではなかろうか。

既にシステムサービスや人材派遣といった（新しい形態の）人的集約産業では、バランスシートに乗っている資産や資本の額をベースとした指標では不十分であるため、投入人員一人当たり付加価値や一人当たり利益率という指標を活用すべきだという考え方も出てきている。（フェリックス・バーバー、ライナー・ストラック、「『ピープル・ビジネス』の経営管理論」〈「ダイヤモンド・ハーバード・ビジネス・レビュー」二〇〇五年十月号〉参照）

本質的には、製薬産業の研究開発人材、あるいは消費財メーカーのブランドマネジャーといった「最も希少な人材をどう効率的・効果的に活用して、経済利益を上げるか」「彼／彼女らを育成し、企業の人的資源バランスシートをどう大きくしていくか」といった経営活動を、測り、そして「ものさし化」していくことが求められている。

会計学の分野では一定の研究も行われているだろうから、これをどのようにして企業経営に使いやすい形にしていくかということが、「人材指標」のものさし化のカギとなるのだろう。

資源の効率的活用を中心指標に

次に、温室効果ガスや水資源といった環境・サステナビリティーにかかわる資源の効率的活用を、経営のものさしに加えていくことも必要だ。温室効果ガスについては、企業ごとにCO_2（二酸化炭素）の総排出量を把握するという動きが始まった。最近報道されたように、温室効果ガスの排出量上位企業を公表し、排出削減努力を促すということもなされている。

しかし、この環境負荷と企業の（一つの）目的である利益確保とを結びつけた指標、例えばCO_2排出量当たり利益率（Return on Carbon）といったものは、まだ使われていない。

今後日本でも何らかの形で、排出量取引ないしは環境税が本格的に導入され、温暖化ガスに値段がつくようになる可能性は非常に高いだろう。そうなった時、単に新たなコスト項目が増えたと考えるのではなく、希少資源たる排出量を効率的・効果的に活用して、利益を上げていくのが経営者の責務になる。

これを果たしていくには、Return on Carbonなりその他の指標なり、何らかの経営指標を設け、それを経営の中心指標の一つとしていくことが必要だと思う。

環境・サステナビリティーの分野で希少資源となるのは、温室効果ガスだけではない。世界的な人口増が続く限り、早晩、水資源が経営上の希少資源となる日が来るだろう。その時には、同様に水資源を効果的・効率的に活用し、利益を上げていくことが求められ、それに資する経営指標が必要となる。

企業を取り巻く環境が変化した時、企業自身も変わっていかなければならない。そのための有効な手段は、自らが使う「ものさし」を変えていくことだろう。

ＲＯＥに代表される資本効率指標だけでなく、「人材」や「環境・サステナビリティー」に関する希少資源」と利益を結びつけたものさしを、できるだけ早く作り上げ、使いこなすことは、日本企業の長期的競争力回復に大きなプラスとなると思う。

（二〇〇八年四月）

5章

「変わる社会」あるいは「社会を変える」

不況の今こそ、褒めることから始めよう

年末年始には、毎年各メディアで、日本の経済・社会全般について大きく俯瞰した記事・番組が取り上げられる。二〇〇七年末から新年にかけてのものは、どれを見ても、悲観論、悲観論のオンパレードだった。

これら多くの記事・番組に共通しているのは、「日本の凋落《ちょうらく》」をデータで示し、さらに前向きな改革の困難さを憂えていることである。

いわく、「かつてG７の中で首位だった日本の一人当たりGDPは、今や六位。OECD（経済協力開発機構）諸国中でも二位から十八位にまで落ちた」。「十五歳時点での学力の国際比較では、数学が二〇〇〇年の一位から二〇〇六年の十位へ、科学が同じく二位から六位へ低下した」

この他、「日本の少子高齢化・人口減少が進展」あるいは「（二〇〇七年半ばには）中国三市場の株式時価総額が日本のそれを上回った」などなど。

日本はそんなに駄目な国ではない

さて、どの話もまさにその通りなのだが、本当に日本はそんなに駄目な国なのだろうか。我々はどうしても、ここ数年ないし十年間、日本が相対的に地位を下げてきたという事実に捉われがちだ。しかし、少し異なった視座から見たら、どのように見えるだろうか。

例えば、相対値ではなく絶対値で見てみよう。日本の一人当たりＧＤＰが米国を抜き、Ｇ７の中で首位になった一九八七年。その年の日本の数字は、二万六十九ドル。二〇〇六年の数字は、三万四千二百五十二ドル。駄目だ、駄目だと思っていても、この間七〇％の伸びを達成している。年率でも、二・九％程度となる。為替要因を含めた数字でも、そこの成長に見えてこないだろうか。

あるいは、自分たちより上の国との比較ではなく世界全体との比較をしてみると、全く違った姿が見えてくる。二〇〇六年の日本のＧＤＰが、ＯＥＣＤ中十八位に落ちたといっても、二十位のスペインの二割増し、二十五位のチェコの約二・五倍。三十位のトルコと比べれば、六倍以上の一人当たりＧＤＰを有している。

さらに、ＯＥＣＤ加盟国以外と比べてみよう。世界銀行によるＧＮＩ（国民総所得）の国際比較では、二〇〇六年度の日本の一人当たりＧＮＩは三万八千四百十ドルだ。この統計に含まれている二百数十カ国の平均値が、七千四百三十九ドル。ミドルインカム、すなわち中流国家とされている国の平均は三千五十一ドルである。これらの国々との比較で言えば、日本はものすごい「富裕層国家」に見える。

少し視座を変えると見えてくるもの

もちろん、どのように統計データを見たところで、日本がさまざまな問題を抱えていることは、否定しようがない。ただし、悲観論だけが突出していては、なかなか次のステップに進めない。

企業の場合でも、従来の慣行を捨て、痛みを伴う改革に乗り出す時に必要なのは、「自分たちは、やり遂げられる」という気構えであり、自信である。これがなければ、やったことのない「改革」に突き進んでいくのは難しい。

少し視座を変えてみれば、日本にはさまざまな「良さ・強さ」が存在する。その「良さ・強さ」を再確認し、自信を取り戻すことが、日本の政治・経済・社会のシステム変革という難題に取り組む第一ステップだと思うのだ。

まずは、日本の「良さ・強さ」を褒めてみる。そこから始めてみることが大事なのではなかろうか。

学力調査の地位が落ちたのは、事実だ。しかし、寺子屋以来の大衆教育の歴史を持ち、一八七二(明治五)年に学制を制定した国の教育力は、捨てたものではない。自国語で、こんなに数多くの海外書籍を読める国も、そうはない。発展途上国に行けば、まず初等教育を行き渡らせることに必死で取り組んでいる国がいくらでもある。近年の相対的地位低下だけに目をやるのではなく、日本の教育の底力を「褒める」ことから始めよう。

日本市場あるいは日本企業の株式時価総額が、ここのところ低下してきたのは事実だ。しかし、日本市場での株式売買に占める海外投資家の割合は増え続け、実に六割を超えてきた。グローバルに市場を鳥瞰すれば、日本市場の懐の深さ、財産権の保護から始まる基本的な制度が整っていることによる安心感。こういったものは、十分に自慢できるレベルのものだ。足りない部分をあげつらうだけでなく、既に達成した市場インフラの整備を「褒める」ことから始めよう。

千五百兆円の家計資産、長年にわたって練りこまれてきた「モノづくり」の力、豊かな社会に生まれついた世代に支えられるコンテンツとソフトパワー。足りないところがある日本、弱ってきた部分もある日本、その中には、まだまだ良いところ、強いところがたくさんある。

日本には「変革実行力」がある

何よりも、過去何度も大きなシステム変革を乗り越えてきた日本（国民とその文化）の持つ「変革実行力」を「褒める」ことから始めよう。

アヘン戦争後、アジア諸国に対する列強の侵略が続く中、当初の「攘夷」から「開国、富国強兵」にシフトし、明治維新という一種の革命的転換を成功させたのは、我々の数代前の日本人だった。

太平洋戦争終結後、それまでに蓄積した資本、設備、そして数多くの人的資産を失いながら、いまだに巨額の貿易黒字を有する「株式会社日本」を作ってきたのは、我々の祖父母であり親の世代の日本人だった。

もう一度、同じようなシステム変革を実行できるかどうか、これは、我々自身にかかっている。もっと言えば、我々自身が、日本に内在する「変革実行力」を信じられるかどうか、にかかっている。

最近の日本の相対的地位低下だけを見るのではなく、「良さ・強さ」の再確認も行う。そして、その「良さ・強さ」を「褒める」姿勢をとることで、二〇〇八年を真の改革実行元年にしていくというのも一つのやり方だと信じている。

ただでさえ気が滅入るような話があふれているし、為替や資源価格のボラティリティー、そして米国を含む政治の不安定さは、ますます将来への不安感を高める方向に働くだろう。こんな中で必要以上に「駄目な日本」だけを語っても、何も良いことはないのだから。

（二〇〇八年一月）

「国家の崩壊」と雇用問題

『国家の崩壊』（日本経済新聞出版社刊、原題 The Breaking of Nations : Order and Chaos in the Twenty-First Century）というなかなか面白い本がある。刺激的なタイトルとは裏腹に、落ち着いたトーンで二十一世紀の国家（及び国家連合）像について語る好著だ。

英国の外交官である著者ロバート・クーパーは、国家をプレ近代、近代、ポスト近代の三類型に分けて考える。内戦などでカオス状態にある「プレ近代国家」。確立された国民国家（ネーションステート）であり、自国の安全保障の手段として軍事力に依存する「近代国家」。そして、安全保障のためには相互に透明かつオープンであること、相互に良好な政治関係を維持することを、軍事力よりも重視する「ポスト近代国家」だ。

クーパーはこの三類型について、歴史を踏まえながら、二十一世紀の国家像、特に「ポスト近代国家」の在り方について詳述していくのだが、いかにも英国の教養人らしい、切れ味の良い「修辞」があちこちに顔を出す。例えば、「古代及び中世の世界にとって、選択肢は帝国と無秩序しかなかった」だとか、「コミュニズムとファシズムは、どちらも、啓蒙思想と産業革命のテクノロジーがもたらした社会の近代化に抵抗しようとした試みだった」といった具合だ。

日本への提言

この「修辞」自体が魅力なのだが、もちろん具体的な論考そのものもしっかりしている。あえてごくごく単純化すれば、以下のようなことが述べられている。

――「近代国家」は、軍事力を保有し、場合によっては戦争という手段によって自国の主権を守ろうとする。しかし、これが行き過ぎると、主権防衛をうたいながらも、ほかの主権国家を侵略したり、版図に加えたりする「帝国」主義になってしまうことは、史上何度も起こったことだ。

――通常の近代国家は、文化や民族に一定の共通性を有する「国民」という存在を中心に国民国家を形成していくのだが、米国は自由と民主主義という「イデオロギー」を中心に国家を形成してきた。このため、このイデオロギーをベースとした独特の「帝国」主義的傾向を持つことになりがちだ。その米国が圧倒的な軍事的優位を持つ故に、これに反発する国も後を絶たないということになる。
——国家ではなく、もっと小規模なグループからのテロでも主権国家に対して大きな脅威を与えるようになってきたため、従来型の「国家間の勢力均衡」を通じた安全保障戦略が必ずしも有効なものではなくなってきている。

このように近代国家というシステムは、いくつもの不安定な要素をはらんでいる。こういった状況の下、二十一世紀においては、ＥＵ型のポスト近代国家（ないし連邦）の重要性が高まる、とクーパーは述べる。ＥＵに見られるように、個々の国家を超えた平和維持の仕組みを作り上げ、自国の主権にかかわる事柄（例えば経済運営）についても、外からの介入を受けることを許容する。これが、ポスト近代国家（すなわち従来型の近代国家の終焉）の姿だというのだ。

日本語版ではかなりの頁数を割いて、日本についても述べている。私なりに受け止めた重要な論点は、以下のようなあたりだ。

——日本は、実質的に安全保障を米国に依存しており、アジアで（自己の軍事力に依存しないという意味で）ポスト近代国家に一番近いところにいる国である。

――一方周辺に、プレ近代国家や、これから国力をどんどん強めていく近代国家が存在するため、単純にポスト近代国家群を構築していくというわけにはいかない。この中で、中長期的に北東アジアにポスト近代国家群（一種のアジア連邦）をどう作り上げていくかが、日本の国益上、極めて重要な戦略課題となる。

まさにその通りなのだが、どう実現していくかについては、容易ならざるものがあり、いろいろと考えさせられた。

「国の範囲」と「企業活動の範囲」のズレ

さて、クーパーの「修辞」の中で、切れ味はともかくとして、その内容が最近の自分自身の問題意識と符号した部分がある。いわく、「われわれが生きているのは、経済がグローバル化しながらも、政治は国の枠内にとどまったままの世界なのだ」。

これは、日本を取り巻く状況とアジアにおける安全保障について述べた部分なのだが、私自身は、日本における雇用の確保という観点から、同じようなことを考え続けている。

ようやく製造業の在庫調整もその終わりが近づいてきたもようであり、各企業とも（現段階で考えられる範囲で）設備投資の見直しを進めている。今後起こってきそうなのが、「日本企業の復活」が「日本の雇用回復」と一致しない時代がやってくるということだ。

日本の輸出企業の多くは、円安の恩恵を得て好業績を上げてきたが、今回は円高と最終需要の急減というダブルパンチをくらった。今後のグローバルな景気回復が、いつどのように始まるかは不透明だが、新興国の需要は必ず回復してくるに違いない。為替インパクトを避けることと併せ、多くの企業は、今後生産の新興国シフトを従前以上に進めていくことになろう。

日本企業の復活のためには正しい動きであり、断固進めていくべきなのだが、一方、日本における雇用確保という観点からは、当然大きな問題が生じる。現在、企業セクターへの景気悪化インパクトを軽減する観点から、さまざまな財政・税制施策が検討されているが、こういった施策も、国内での雇用回復に直結しないかもしれない。

クーパーの言葉をもじれば、「われわれが生きているのは、日本企業がグローバル化しながらも、日本の国民にとっての雇用は、国の枠内にとどまったままの世界だ」ということになろうか。

オイルショックの際も、前回のバブル後も、雇用の海外シフトが言われながらも、就業者人口と国内の雇用とのバランスは、何とか回復を遂げてきた。今回は、必ずしもそうならないかもしれない、というリスクを感じてならない。

海外の一部の国に倣って、雇用の「保護主義」に走れ、というわけではない。もちろん、非製造業への雇用シフトに向けて、官民を挙げて本格的な投資をする。あるいは、雇用を創出する新しい産業に対して、思い切った支援をする。こういった施策が、従来にないレベルで必要になるのだろう。

しかしながら、「企業にとっての最適解」と「日本の働き手や社会にとっての最適解」のズレが、おそらく何十年かぶりに、はっきりと表れてくることは、さまざまな波及効果を及ぼしてくるのではなかろうか。

今の段階では、残念ながらすっきりとした答えを持ち合わせていないのだけれど、このズレについて注視し、考え続けていきたいと思っている。

（二〇〇九年四月）

白黒テレビから考える世代間の感覚差

白黒テレビがカラーテレビになり、リモコンが付き、そしてお茶の間だけのものだったテレビは家族個々の居室のものになった。唐突だが、私にとってはこのテレビの進化が、二十代前半の人たちをもっと理解し、もっと活躍してもらうために必要な「会話のツボ」になってきている。

昨年（二〇〇七年）、立て続けに複数の方から、ここ数年の新入社員、すなわち二十代前半の人たちについて同じようなことを聞かされた。

いわく、「必死になって働き、会社を成長させることこそが、結果的に自分と家族の幸せにつながる。あるいは、日本の社会をより良くしていく、ということにもつながっていく。こういう当たり前のことが、全く通じない」「そもそも、何かに燃えるということがない。一体、どう動機づければ頑張ってくれるのか、途方に暮れている」などなど。

正直なところ、私自身も最初は「なんとなくそうかもしれないな」という気がしていたが、就職活動中の学生諸氏と話したり、この世代の若手とじっくり飲んだりする機会を経て、「どうやら、これはこちらがわかっていないだけかもしれない」と思うようになってきた。

ものごころついた時には家に複数台のテレビが

まずは、そもそも、（五十代の）こちら側と社会認識に大きな差がある。

映画『ＡＬＷＡＹＳ　三丁目の夕日』シリーズのせいもあってか、最近、よく同世代や先輩の方々と子供の頃のテレビの話で盛り上がる。

「テレビが来た当初は、近所の人たちが相撲、野球、プロレスの中継を見にやって来た」「記憶にある最初の頃のテレビには、小さな画面を拡大するためのプラスチック製のレンズのようなものが付いていた」

「テレビには、必ずきれいな布をかけていたし、観音開きのタイプもあった。いわば大事な家具という位置づけだったのだろう」といった具合だ。

そして、必ずリモコンが付くようになった時の驚き、カラーテレビを初めて見た時の感動、といった話に続いていく。

ＮＨＫがテレビの本放送を始めたのが一九五三年だ。東京タワーが完成し、ＮＨＫの受信契約数が百万件を超えたのが五八年。これが六二年には一千万件を超え、白黒テレビの普及率がほぼ五〇％に達している。六九年には九五％の世帯がテレビを所有しているので、五三年以降、十六年の間に日本中にテレビが行き渡ったことになる。一九四七年〜四九年生まれを中心とする団塊の世代の方々は、幼少期から成人に至る期間、この大きな変化を同時代のこととして生きてこられた。

カラーテレビの本格放送開始は一九六〇年。私は五七年生まれなので、三歳の時にカラー放送が始まったことになるが、カラーテレビの普及自体は、中学校に入学した六九年の段階でもまだ二〇％前後に過ぎなかったらしい。（電気）洗濯機も（電気）冷蔵庫も、私がものごころついた段階では、まだまだ普及の途上だった。中学生時代にようやく九割方の家庭に入っている。

私より上の世代は、こういったテレビをはじめとする家電製品の普及、進化を小さい時から実感してきており、「昨日より、今日。今日より、明日の方が、暮らしは良くなっていく」という感覚が自然に身についているように思える。

もちろん、家電の普及・進化だけではない。日本の経済自体も、この間大きく成長し、国民はどんどん豊かになってきた。我々の世代は、経済についても、人生の大部分を「昨日より、今日。今日より、明日が良い」という時期を生きてきており、それが基本的な認識として、刷り込まれている。

一方、現在二十五歳の人が生まれたのは、一九八二〜八三年。洗濯機、冷蔵庫はもちろん、カラーテレビも既に世帯普及率が一〇〇%近くに達しており、彼ら、彼女らがものごころついた頃には、一家に複数台テレビがあることが、ごく普通になっていた。近所の人がテレビを見に来るだの、うやうやしく布をかぶせられたテレビなどというのは、全く想像もつかない世代だ。

「家電製品が家に来るという喜び」の程度は、現在の五十代以上と比べて、相当小さなものだったろう。彼らが、五十代以上のテレビに対する思いを理解し難いのと同様、彼らにとっての「家電の進化感覚」を、こちらが理解するのも簡単ではない。

通用しない「頑張れば良くなる」

家電についての進化感覚が違う、というだけではない。経済、そして社会全般について「昨日より、今日。今日より、明日」の方が良いはず、というこちらの感覚とのズレは、より大きなものがある。

一九八二～八三年生まれにとっては、小学校低学年頃がバブル経済のピークだった。その後、日本経済は、ここ数年の「実感なき経済成長」を除けば、「ずっと景気が悪い」のだ。彼らからすれば、ものごころついて以来、「景気というのは悪いのが普通」「明日は、今日より悪いことの方が多い。今日と同じなら、もうけもの」という感覚の方が普通だろう。

実際に、この世代の人と話してみると、「経済が成長する、というのは、どういう感覚なのか、いまひとつわからない」と真顔で言われてしまうことがよくある。親世代がリストラなどで会社に裏切られた、という経験を持つ人も多く、「頑張って会社を成長させれば、自分と家族のプラスになり、社会もより良くなることにつながる」などと言われても、ピンとくるはずもない。

考えてみれば、当たり前のことなのだが、この感覚の差をついつい忘れて、「頑張れば良くなる、という感覚が通じない」だのというのは、そう考えてしまうこちら側の責任である。逆に、こちら側が前提としている感覚を、二十代の側にも理解してもらわねばならない。

世代の異なる者同士が、共通の土俵に立ち、前向きの議論を成り立たせていくためには、「無意識のうちに前提としてしまっている感覚」の相互理解が必要だ。極めて原始的なやり方だが、お互いの人生の軌跡と時代の変化について、(場合によっては食事でも共にしながら)語り合うだけでも、この相互理解は相当進む。実際に何度かやってみたが、その度にお互いにとっての発見があるのが新鮮だった。

仕事に取り組む「動機」にも大きな違い

その話題の次に私が必ず聞くのは、「仕事を一生懸命やろうと思う動機は何か」という話だ。テレビの進化といった「前提の違い」の存在を認識したうえで語り合うので、何が強い動機になるかという「思い」に違いがあることも自然と受け入れられ、話は意外にスムーズに進む。

これまでの経験では、「仕事を通じて、ダイレクトに社会貢献したい」という二十代が多く、それを仕事へのモチベーションにしたいという声の多さに驚かされた。我々の世代の「仕事を通じて会社を成長させ、間接的に社会にも貢献する」というのとは、少し違う。例えば、環境負荷を軽減するための仕事だったり、マイクロファイナンスを通じて貧困を減らす仕事だったり、といった、より直接的な社会貢献の仕事への希求が強い。就職活動中の学生がこういう思いを持っているのは当然として、社会人になっても「そういう仕事ができるなら、転職したい」という人が相当数いた。

豊かな社会に生まれ、かつ経済成長がさまざまな社会矛盾を解消するという経験も少ない人たちにとって、「究極の自己実現」は社会へのダイレクトな貢献かもしれない。以前、「ほっとけない」というテーマでホワイトバンドを購入し、貧困・飢餓を削減する運動が、一種流行のようになったが、それをサポートするのと同じ感覚だろうか。

我々の会社の場合、コンサルタントとしてのスキルを使って、NPO（非営利組織）などに対して無料コンサルティングする「プロボノ」という社会貢献活動を行っているのだが、就職希望の人たちが最も強く反応したのは、この活動に関してだった。

逆に言えば、二十代前半の感覚を知ったうえで、こういう活動をさらに積極的に行うことが、優秀な人材を獲得し、活用していくうえでの重要なポイントとなる。

もちろん、同世代でも個々人によって、マズロー言うところの「自己実現欲求」の中身は異なるはずだから、あまり一般化することはできないだろう。ただし、こういった考え方・感覚があるということを発見し、その理解を基にコミュニケートしていくことで、二十代前半の人たちを、よりうまく活用できるのだろうと思う。

「自分にとって、テレビというのはこういうものだったんだ。あなたたちにとっては、どうだったかい」。他愛のない雑談ネタかもしれないが、ここから始めて、少しでも社会に対する感覚の違い、自らを動かす動機の違いについて話し合い、理解し合うことは、捨てたものではない。最近になってこういうふうに思うようになってきた。

（二〇〇八年二月）

新中流社会を求めて

内村鑑三の『代表的日本人』（原題 Representative Men of Japan）が刊行されたのは、一九〇八（明治四一）年だった。もともとは、一八九四年に徳富蘇峰《とくとみそほう》率いる民友社から出た『日本及び日本人』（原題 Japan and the Japanese）の改訂版で、どちらも英語で書かれ、海外の読書人に対して極東の新興国日本を知らしめる書物として出版されたものだ。

百年超経った今、見直してみると、「代表的日本人」として取り上げられている人物のセレクションはバラエティーに富んでいるし、軍事あるいは政治世界で圧倒的な勝利をあげた人は含まれていないのがなかなか面白い。五人すべてを挙げてみよう。

西郷隆盛——新日本の創設者
上杉鷹山——封建領主
二宮尊徳——農民聖者
中江藤樹——村の先生

日蓮上人——仏僧

それぞれの「一言」紹介は同書の目次の記載通り。訳はワイド版岩波文庫（鈴木範久訳）に従った。

内村鑑三の狙いは、欧米のキリスト教徒に対して「異教徒の国・日本にも、開国、文明開化以前から質の高い思想があり、尊敬すべき人生を送った人々がいた」というメッセージを伝えることにあったのだろう。

相手の価値観に立って訴える

同書では五人の人物について、キリスト教の立場で評価を試みるという語り口をとりながら、「あなた方はキリスト教文明の下に、進歩を遂げた国と国民がいるという思い込みを持っているだろうが、いやいや日本はなかなかのものだぞ」ということを伝えようとしている。

ドイツ語翻訳版の後記の中では、

「武士道は確かに立派であります。それでもやはり、この世の一道徳に過ぎないのであります…（中略）…しかし他方、キリスト教だけがアブラハムの子を石から起こし得る（マタイ三章九節）と思うことは間違っています」

と述べている由だ。

少し持って回った言い方だが、内村自身キリスト教信者であったにもかかわらず、相当踏み込んだ形で異教の国、すなわち日本の文化的・宗教的背景の肥沃さについて、直截に述べていることに驚かされる。

自らの内的欲求として、キリスト教という外来の信仰を日本人として受容するうえで、日本に元からあった「良さ」がキリスト教をベースとした欧米の価値観と親和性が高いということを確認したいという思いもあったであろう。さらに、当時の新興国日本が、欧米諸国から少しでも高い評価を受けるように、という強い意識もあったに違いない。

現代の「新　代表的日本人」

この本を読み返してみると、

――訴えたい相手（欧米諸国の国民）を特定し、

――彼らの視点、価値観（キリスト教に基づく人物や文化の評価）を理解し、

——その土俵に立つことで訴えたいメッセージ（「日本は古来尊敬すべき人物・文化を有する国である」）が「伝わる」確度を上げる

という点に、感心させられる。

では、今、同様な本を書くとするとどうなるだろうか。まず、何を目的として、誰に何を伝えるのか。次に、対象となる相手の視点、価値観のどの部分に訴えかけるのか。そして、誰を「新　代表的日本人」として選択するか。これは、なかなか面白い思考実験の題材だと思う。

例えば、私自身の思考実験の一つの結果は、以下のようなものだ。今後、ますます増加する新興国の中流階級は、政治的にも経済的にも大きな影響力を行使するようになる。ソフトパワー的な意味で、日本の安全保障の一助になるように、そして日本企業の経済活動に対して、「アンチ・ジャパン」的な動きが起こることを少しでも防ぐことを目的とする。

したがって、語りかける対象は新興国の新興中流階級。彼らの多くに見られる「自らの努力・勤勉、そして子供たちに対する教育が、自分の家族にも社会全体にも、より良い明日をもたらす」という価値観は、高度成長期に見られた日本の中流の価値観と符合する。この視点に立って「日本の高度成長期に、より良い中流社会を作るために貢献した『代表的日本人』」を選択する。

具体的には、経済人から一〜二人。例えば、小林一三氏のような方。言ってみれば、日本経済新聞の「私の履歴書」の中で「中流的価値観」を体現しつつ、企業経営に成功した方だ。さらに、緒方貞子さんのような自ら受けた教育をベースに、仕事を通じて社会に大きな貢献をした方を一〜二人。そして最後に、無名の市井の方で、教育を通じて「人」づくりに生涯をかけた方たち。

ちなみにこの思考実験をすると、正直なところ、ついつい「本当は今の日本人に対して、同じメッセージを語りたいな」と思ってしまう。日経ビジネス人文庫の『ワールド・ビジネスサテライト　再生ニッポン』の中で、「新中流社会を構築しよう」と訴えたこともあるのだが、日本には、もう一度「中流社会」を新しく作り上げることが必要だと思うからだ。

さて、読者の皆さんは、どのような『新版　代表的日本人』を構想されますか。

（二〇〇九年三月）

3

潮に棹さす
船頭さん

1章

コンテクスチュアル・リーダーシップ

仕事柄、さまざまなリーダーの方にお目にかかる機会が多い。また、産業界のリーダー育成のお手伝いをさせていただくこともある。こういった経験を通じて、リーダーの要件には、「コンテクスチュアル（contextual）な部分」と「普遍的な部分」があると考えるようになった。

まず、コンテクスチュアルな部分。政・官・民を問わず、個々の組織の置かれたコンテクスト、すなわち文脈、背景次第で、リーダーに求められるものは異なってくる。

単純な例だが、変化の少ない落ち着いた環境下であれば、名トップとして君臨したであろう人物が、自分がトップ就任後に起こった業界再編や技術の非連続的変化の中で、リーダーとして全く機能しなくなる、といったことをよく見聞きする。

これ以外にも、「壊し屋」として既存のシステムを破壊するのに長けた人物が、壊した後の再構築に全く力を出せないという例や、環境の変化にもかかわらず、同タイプのリーダーが続きすぎて企業自体がおかしくなるという例も数多くある。

逆に、閑職に追いやられていた人が、企業の危機に際して頭角を現し、人が変わったように大活躍するということもある。

これらは、リーダーシップのコンテクスチュアルな部分を示したものだと言えるだろう。

一方、「普遍的な部分」というのは、相当数の組織のリーダーに共通に当てはまる個別性の低い要件であり、性格、行動様式、そして知見・能力といったものが挙げられることが多い。

古今この部分については、実に数多くの論が出されてきた。マキャベリの『君主論』やクラウゼヴィッツの『戦争論』といった古典から、小説や演劇の中でのリーダー像に至るまで、枚挙にいとまがないほどだ。

ただよく見てみると、「普遍的な部分」といっても、千年の時を経てもなるほどな、と唸らされるものもあれば、もう少し賞味期限が短く、「コンテクスチュアルな部分」に近いものもある。

例えば、リーダーシップ論の専門家であるハーバード・ビジネス・スクールのジョン・P・コッター教授は、組織変革を実現するための「十の教訓」の中の一つとして、「二十世紀の歴史とその時代に培われた企業文化の影響を受けた人々は、大変革を実行しようとする際に、皆、同じような過ちを犯す」ということを挙げている。

これは、日本でよく言われる「調整型のリーダーは、変革期に向かない」ということとは少し異なる。彼は「意義ある変革を成功に導く原動力は、リーダーシップであってマネジメントではない」としたうえで、ハイアラーキーの中での権威と権限で組織をコントロールする（二十世紀型の）マネジメントは、ビジョンの作り込みとインフォーマルな人間関係をも徹底的に駆使する変革型リーダーシップと相容れないと主張しているのだ（『リーダーシップ論―いま何をすべきか』ダイヤモンド社刊より）。

大部分の組織が変革を必要としていると考えれば、（少なくとも二十一世紀初頭という時代においては）個々の組織の個別性を超えた「やや普遍的」な話だろうし、もっと長い時間軸で組織や社会が変革期と安定期を繰り返していると考えれば、「ややコンテクスチュアル」だとも言えよう。

こういった「やや普遍的」かつ「ややコンテクスチュアル」なリーダーの要件のうち、現在の企業社会に広く当てはまるものは、他にどんなものがあるだろうか。

私自身は、金融危機という「波」にもまれながら、一方でまるで「潮流」のような本質的変化にも洗われている企業のリーダーに必要な要件として、少なくとも以下の三つのようなことがあると考えている。

1. 先が読めない状況の中で、組織の中にはびこりがちな不安感を払拭できる「明るさ」
2. 一方で、短期、中期、長期といった複数の時間軸を見わたしながら、冷静に状況を判断し、「深く読むべきこと」と「読んでも仕方のないこと」を切り分けられる「ウィズダム（wisdom＝知恵）」
3. 自らとタイプの違う異質の人材を活用し、さらに自分の目的達成だけではなく部下の自己実現を支援することで、より強いモチベーションを持ったチームを作り上げ、動かしていける「懐の深さ」

「明るさ」「ウィズダム」「懐の深さ」、それぞれの発露の仕方は複数あり、金太郎飴のように同タイプのリーダーが求められているというわけではない。

ただ、仕事を通じてお目にかかった「この人はすごい」と思わされるリーダーには、何らかの形で、この三つの要件が備わっているように思える。

当然ながら、この三つの要件を身につけていくプロセスも人それぞれなのだが、「教養」を身につけるべく努力を続け、かつ、いずれかのタイミングで相当の「修羅場」体験をしている方が多いように見受けられる。

「リーダーシップは旅である」という明言がある。

リーダーになっていく旅は、志と覚悟があれば、いつでも始められるし、そして人生を通じて旅は続いていく、ということだろう。

これまでにもあった大きな変化の時代を生き抜いたリーダーたちの軌跡、あるいは、新しい環境に応じた（ややコンテクスチュアルな）リーダーシップのさまざまな側面。こういうことを考えながら、私自身も旅に出たいと思う。

2章

歴史に学ぶリーダーシップ

〝天保の老人〟たちに学ぶ

――変化の時代のリーダーシップ①

明治から昭和にかけての言論人、徳富蘇峰は、日本初の「ジェネレーション論」を繰り広げたことでも知られている。一八八七（明治二十）年に刊行された『新日本之青年』という著書の中で、当時の政官民の指導者層を「天保（生まれ）の老人」と呼び、彼らが社会の実権を握っていることが諸悪の根源であり、「明治の青年」は彼らに従うのではなく、自らが彼らを導くようにならねばならぬという論を展開した。

では、天保生まれのリーダーたちとは、どんな人々だったのだろうか。木戸孝允（桂小五郎）は、一八三三（天保四）年の生まれ。一八三五年には福沢諭吉、坂本龍馬が生まれている。その後井上馨、山縣有朋、高杉晋作、伊藤博文という錚々《そうそう》たる面々が続く。初代総理大臣の伊藤博文は、一八四一（天保十二）年の生まれだが、一九〇一（明治三十四）年の第四次伊藤内閣退陣まで、首相であった時期もそれ以外の時期も政界のリーダーであり続けた。

一八八七年当時、弱冠二十四歳の蘇峰からすると、幕末維新の動乱期から明治後期まで社会をリードし続けた「天保の老人」たちの長期にわたる影響力の強さが、我慢ならなかったのだろう（その後徳富蘇峰自身、昭和、それも第二次大戦中の時期まで活躍し続けるのだが）。

幕末から明治維新を生き抜いた「天保の老人」たち

天保時代といえば、その半ばまで十一代将軍家斉の治世であり、まだまだ幕藩体制が強固だった時代だ。「天保の老人」たちはこの時代に生を受け、幕末から明治維新という激動の時代を生き抜いた。

この大きな変化の波は、日本だけを襲ったわけではない。一八四二（天保十三）年にはアヘン戦争が終結し、清国は香港割譲、（広東に加えて）四港開港という条件を飲まされている。欧米列強の植民地主義が東アジアに押し寄せてきていたのだ。

「天保の老人」たちが生きてきた時代同様に、現在もまた大きな波がやってきている。株主資本主義とそのアンチテーゼの台頭、ネットワーク経済によるビジネスのあり方の変化。あるいは、新興国企業が競争相手として浮上、資源インフレの加速、環境問題が経営の中心課題になる、などなど。

こういったさまざまな大波の中を生きる現代のリーダーにとって、徳富蘇峰の批判を受けはしたが、彼ら「天保の老人」たちから変化の時代のリーダーシップについて学べることは多い。「天保の老人」たちの大部分に共通しているのは、最初、尊王攘夷派として積極的な活動を行っていたものが、次第に開国派にシフトしていったことだ。

全く新しい事象や文化に接した際、人はさまざまな感情的反応を示しがちだ。一八五三年のペリー来航以降の海外からの大波は、「夷」に対するおそれ、そしてそれを排除しようという強い感情を呼び起こしたようだ。当時その多くが十代後半から二十代であった「天保の老人」たちは、砲艦外交とそれに対する幕府の譲歩に憤慨し、激しい「攘夷」運動に向かっていった。

ところが時を経るにつれ、この尊王攘夷派の多くが開国派に転じていく。坂本龍馬は、開国派である勝海舟を斬るつもりで面会したところ、「日本を守り、強くしていくためには、開国して欧米の技術、軍備を取り入れていくことが必要だ」と説得され、開国派に転じたという。他の多くの「天保の老人」たちも同様に、「日本のための開国」という考えを受け入れていった。

彼らの中のリーダー格を中心に、「感情」ではなく「論理」に従い、日本にとって最も良い選択を行おうという流れができてきた、と言ってもよいだろう。

この「情」から「理」へのシフト。特に、感情的な動きが強まった組織をできるかぎり冷静に、論理的な判断ができる組織に戻していくというのは、現代のリーダーにとっても非常に大事な役割だと思う。

「情」から「理」へのシフト

二〇〇七年は一部の極端なファンドの動きに対して「攘夷」の動きが盛り上がった年だった。二〇〇八年の株主総会前後の流れをよく見てみると、表面的な「ファンドに対する経営側の勝利」といった事象の陰に、「開国」の動きが出てきている。複数の企業が、自社株買いや配当増、そして今後の配当計画の明示という形で、従来より踏み込んだ株主への配分を行っている。感情的な対応だけでなく「自らに資する」ように、大多数の株主からの継続的な支援獲得に舵を切った、とも言えよう。

もちろん、外部株主からの干渉に対する「感情論」を正面から打ち出して、組織を「理」に基づく判断に導いていない企業も数多い。「情」から「理」へのシフトの余地は、まだまだあると思われる。

新たなものに対する否定的な「感情」の例は、株主資本主義に対してだけではない。インターネットを活用したビジネスモデルに対して、新興国企業の低価格攻勢や積極的なM&Aに対してなどなど、さまざまな形で「感情」が組織行動の大きな要因になっている例は、数多い。

「天保の老人」たちがさまざまな葛藤を経て、改革運動の方向性を「理」に基づくものにしていったこと。これは現代のリーダー、そしてリーダーシップをより良いものにしていくうえで、大きな学びの種になると思う。

この項で「天保の老人」たちからの学びとして、リーダーが「情」から「理」へのシフトに果たすべき役割を述べた。次項ではあと二つある学び、そして「天保の老人」ならぬ「昭和の老人」の役割について考えてみたい。

（二〇〇八年七月）

“昭和の老人”の果たすべき役割
――変化の時代のリーダーシップ②

前項で、徳富蘇峰言うところの「天保の老人」たち（その多くは、幕末から明治維新、そして明治日本の建設をリーダーとして牽引した）を例に挙げながら、大きな変化の時代におけるリーダーの役割として、「感情」に流されがちな組織を「論理」主導にシフトさせることの重要性について述べた。

この項では、彼ら「天保の老人」たちから学べることとして、さらに二つのことを考えていきたい。

実体験を通じて「自ら学ぶ」

幕末から維新期のリーダーたちのことを知るにつれて驚かされるのは、「学ぶ」ことへの意欲だ。

開国の動きの第一歩として日米修好通商条約が結ばれ、安政の大獄があったのは、一八五八（安政五）年。

このわずか二年後、一八六〇年には、最初の遣米使節団を乗せた咸臨丸《かんりんまる》が太平洋を渡った。福沢諭吉は、どうしても米国を自分の目で見たいという思いから、つてをたどって、軍艦奉行木村摂津守の従者として、咸臨丸に乗り込み渡米を果たしている。福沢は、翌一八六一年の遣欧使節団にも正式に「翻訳方御雇」として同行し、英・仏・独・蘭・露などの各国を歴訪した。

高杉晋作は、一八六二年に幕府の上海貿易船に乗り、上海へ渡航。井上馨、伊藤博文は、一八六三年に長州藩英国留学生として、渡英している。

幕末期の留学熱は、大変なものだったようで、明治維新以前、実に百五十人を超える留学生が海を渡ったという。

ご存じの通り、こういった「天保の老人」たちの洋行組はその後、明治日本のリーダーとして、日本の急激な近代化を引っ張っていった。西欧列強との接触、そして開国という大きな変化の時代に、リーダーとリーダー予備軍が、自らの眼で海外事情を見聞し、自らの学びを基に、リーダーシップを発揮していったわけである。

今、大きな変化の時代を生きているリーダー（およびその予備軍）たちも、変化の本質を自ら体験する形で「学ぶ」ことが必要だと思う。

例えば、過去の「洋行」に当たる海外事情把握だ。海外事情といっても、欧米先進国のことではない。急成長する新興国がその対象となる。新興国の文化・風土、経済の実態を、自らの眼で確認し、肌で感じてみる。競争相手やビジネスパートナーとして登場してきた新興国企業と実際にビジネスの議論をし、理解を深める。

日本の国内に座して二次情報を得るだけでなく、「天保の老人」たちと同様に、実体験を通じた学びがカギとなる。将来の社長候補を意図的に新興国駐在とするくらいのことは、その気になれば、すぐにでもできるのではないだろうか。

新興国事情だけでなく、サステナビリティー（持続可能性）、ネットワーク経済、資本市場のあり方の変化など、自ら現場に身を投じて、リーダー自身が学ぶべき本質的な変化要因はいくつもある。「自ら学ぶ」ことを通じて、これら諸要因のうち何についてより深く思いを致すべきか、そして、どう経営に活用していくかが、初めて見えてくるだろう。

「利器」を実際に使う

海外事情に触れた「天保の老人」たちは、実際にその成果を活用することにも熱心だった。

例えば、万国公法（国際法）の知識獲得とその活用について、興味深い話がある。評論家、歴史家である松本健一さんの『日本の近代1　開国・維新』（中央公論社）という名著に、「白旗の事例」が何度か出てくる。

ペリーは浦賀来航の際に、初期対応した浦賀奉行に開国の要求と併せて、白旗を届けたという。この際には、日本側には白旗が何を意味するかはわかっていなかった。万国公法（国際法）に則って、白旗を掲げることが降伏の意思表示であるということは、知られていなかったのだ。

ところが、その後の戊辰戦争終結の頃、会津藩は降伏に際して白旗を掲げている。新政府軍側も、すぐにその意を解したらしい。この時期のリーダーたちは、政治的ポジションを問わず、その多くが競って万国公法という国際社会のルールを学び、またそれを周囲に知らしめる努力を惜しまなかったのだ。

この新しい知識は当然のことながら、「利器」として積極的に活用されていく。例えば、五稜郭の戦いの少し前、新政府側の陸奥宗光は、万国公法に則って「旧幕府が購入したストーンウォール号という軍艦は、政権の正当な継承者である新政府側に引き渡されるべきである」という交渉を米国相手にやってのけ、同艦を入手、五稜郭の戦いに従事させている。

こういった「リーダー自身の学びから得た知識を〝利器〟として活用していく」という姿勢も、また現代のリーダーたちに求められるものだろう。新興国事情でも、資本市場の活用方法でも、新たな学びを積極的に使ってこそ、価値が生まれる。

時代の変化とその本質的な部分について、リーダーが「自ら学び」、そして「利器を使う」ということを、明確に意識していくことが大事だと思う。

「昭和の老人」の役割とは

さてここまで、変革期のリーダーとしての「天保の老人」たちからの学びについて、述べてきた。違った意味で、大きな変革期に生きる我々もひょっとすると、いずれは「昭和の老人」と呼ばれるかもしれない。

「天保の老人」たちにせよ「昭和の老人」にせよ、変革期の前と後の両方を肌身で知っていることの価値は大きい。「天保の老人」たちの一人、福沢諭吉は『文明論之概略』の前書き（諸言）で以下のように述べている。

「あたかも一身にして二生を経るが如く、一人にして両身あるが如し。」

（幕藩体制の時代と、維新・文明開化の時代の両方を生きたので）二つの人生を送ったようでもあり、二つの身体を持ったようでもある、という意だろう。そしてこの後に、「旧時代と新時代の両方を相互比較することができるからこそ、新しい時代の流れについても、きちんとした判断ができ、確実な議論ができるのだ」という意味の文章が続く。

私自身も含めた将来の「昭和の老人」も、「変化の前を知っているからこそ、変化の意味、そしてその後の新しい時代のことが、本当にわかる。この長所を生かして、変化の時代をリードしていこう」という気概を持ち、不透明かつ不確実な時代にありがちな暗い後ろ向きの気分を払拭すべく、先頭に立っていくべきではないかと考えている。

（二〇〇八年七月）

津田梅子は六歳で米国に渡った
——未来のリーダーを新興国に派遣しよう

日本企業のグローバル化には、四つのステップがあると言われる。

第一ステップは、海外「販売」の増加。輸出を通じて、売り上げに占める海外販売額が増えていく段階だ。

第二に、海外「生産」の増加。特定の地域での販売量が増え、現地生産に切り替えられる。自動車産業のように、貿易摩擦がこれを加速化させることもある。

第三のステップは、海外「株主」の増加。世界的なマネーの移動が、これを推し進める。日本の多くの産業の場合、第二ステップまで進んだ後に資本の自由化が始まったため、このステップが三番目になっている。

そして最後の第四ステップが、「経営チーム」の外国人比率増だ。ソニーや日産自動車、あるいは最近の日本板硝子のように、経営トップレベルに日本人以外が就く場合も出てきたが、多くの場合はトップ以下、日本人中心の経営チームに少しずつ外国人が入っていくということになる。

グローバル経営がうまくいっていないわけ

どのステップもそれぞれに多くの困難が伴うのだが、多くの日本企業が試行錯誤しながらも、第三ステップ、すなわち資本の国際化、外国人株主の増加というところまでは、なんとかマネージできつつある。業界によっても個々の企業によっても差はあるが、まだ「どう困難を乗り越えるか」について解が見いだせていないのが、第四ステップだろう。

日本的経営の「暗黙知」的要素といったハイレベルの話を持ち出すまでもなく、多くの日本人は、外国語でのコミュニケーション力が不足している。お恥ずかしい限りだが、私自身も自分の会社のグローバル経営会議の場では、彼我のコミュニケーション力の圧倒的な差に、ともすればくじけそうになってしまう。

単純に語学力の問題だけではない。多国籍、多文化の中で、相手の本音を読みながら、論理と感情の両面で議論をリードし、必要以上にしこりを残さないように、意思決定を進めていくというのは、容易なことではない。

私が定例的に出席しているボストン・コンサルティング・グループの経営会議では、議決権を有するのは十人強なのだが、その国籍は七つにわたる。英国人とインド人、あるいは中国人とフランス人が、ある時は植民地時代の歴史にまで立ち返りながら、口角泡を飛ばして侃々諤々《かんかんがくがく》の議論をし、最終的にはチームとしての意思決定に至る。そしてその後は、さきほどまで怒鳴り合っていた同士が、仲良く一杯飲みに出る。

こういったことを楽々とこなせるようになるには、語学力を超えた総合的な力量、いわば「異文化マネジメント能力」と言えるようなものが求められる。キャリアを広げていくうえで、こういった能力を身につけざるを得ない欧州の小国出身者、あるいは複数の国で教育を受けることが当たり前のアジア新興国出身者。彼ら、彼女らの異文化マネジメント能力は、往々にして驚くほど高い。

この種の力量の獲得には、若い時からの「実体験」の蓄積がどうやら必要なように思える。

さてここで、少し古い話をしてみたい。

明治維新が成ってまだ日も浅い一八七一（明治四）年十二月二十三日、岩倉具視特命全権大使を団長とする岩倉欧米使節団が、横浜を出航した。この後欧米十二カ国を回り、帰国は一八七三年九月十三日。木戸孝允、大久保利通、伊藤博文など、明治政府の要人が多数含まれる使節団だったが、実に二年弱をかけて海外を見て回っている。

この使節団約四十人に加え、さらに留学生が六十人ほど同行していた。彼らは海外に残り、将来日本に欧米の知識と学問を持ち帰ることを期待されていたわけだ。

この留学生の中には、日本の女子教育を強化するため、という理由で、五人の女性も含まれていたのだが、驚くべきことにその最年少だった津田梅子は、当時満六歳だった。尊皇攘夷から開国、富国強兵に大きく舵を切った幕末維新のリーダーたちは、随分と先を睨《にら》んで、「異文化マネジメント能力」のある将来のリーダー作りに着手していたことになる。

津田梅子は十一年の米国留学を経て、帰国。その後再度留学した後に、ご存じの通り、現在の津田塾大学の前身となる女子英学塾を開校した。

若い世代を新興国に送り込むべき

さて、日本企業が第四ステップ、つまり経営チームのグローバル化を少しずつでも進めていくためには、異文化での実体験を重ねてきたマネジャー層を複数育てていくことが必要だ。

まさか六歳の子供を海外に送り込めというわけではないが、将来のトップ候補を、「異文化マネジメント能力」育成という意図を持って、かなりの期間海外に送るということは不可欠だ。その際に重要なことは、今後の各企業のグローバル展開を睨んで、「どの国に」「どういうチャレンジをさせるつもりで」送り込むかを考え抜くことだろう。

明治維新前後の時期に、当時の先進国たる欧米に留学生を送り、風俗習慣から専門知識まで学ばせるということは、ごく自然のことだった。彼らの多くは、語学能力獲得に苦労するだけでなく、全く異なった社会規範の中で、それぞれの国の人々とどうやってつき合っていくか、という能力を身につけていった。

今、欧米先進国に駐在員として派遣され、主として日本人駐在員社会の中で生きていくというのとは、異文化マネジメント能力の獲得度に相当違いがあるだろう。

日本企業の多くが、今後とも経済成長が見込める新興経済国に、自社の成長チャンスを見いだしている。自社にとってこういった国々の重要度が高いのならば、将来の経営トップ層には、欧米先進国ではなく、新興国での経験を積ませることが重要なはずだ。新興国の言語、文化、習慣を、自らの体験を通して深く理解できる経営人材の有無が、中期的な競争力に大きく影響するのだろうから。

また、これら新興国出身の人々が、全社マネジメントチームの一員になる日も近いだろう。この時に彼ら、彼女らをチームの一員として機能させ、多文化の経営チームとして結果を出していくためにも、欧米だけではなく新興国を含めた異文化マネジメント能力が不可欠だと思う。

いろいろ調べてみると、欧米から出発して多国籍化した企業の多くは、マネジメント層育成の中で、複数の文化圏を経験させている。フォード（マツダ）やP＆Gといった会社のトップ経営層の中に、（欧米の本社から見た時に、これまで最重要市場の一つ、かつ異文化圏である）日本への駐在経験がある人材が複数いるのは、偶然ではない。

幕末・明治期、あるいはもっと古く遣隋使・遣唐使の時代、海外に留学させることは、日本より進んだ文明や知識を持ち帰るということだ、ととらえられがちだ。これはその通りなのだが、実際に海外に行った人々は、程度の差こそあれ、異文化マネジメントの能力も、必ず身につけてきたはずである。この側面に着目し、かつ先進国に学ぶだけではなく、新興国からも彼らの文化を深く学ぶという考え方で、「将来の経営リーダー層」作りを行っていくべきではないだろうか。

（二〇〇八年十月）

二十一世紀のシュリーマンと津田梅子を育てよう！
――中国・インドとの双方向の異文化理解がカギ

歴史というのは、横並びにしてみると面白さが倍加する。例えば、一八七一年という年。日本では廃藩置県が実施され、四民平等の政策により華族・士族・平民間の婚姻が認められた。そして、当時はまだ米国に属していなかったハワイ国と修好通商条約が結ばれた。海外に目を転じれば、普仏戦争の勝利を受けてドイツ帝国が誕生し、米国では初めてのプロ野球リーグ戦が行われた年でもある。

この年、「異文化理解」という共通項で結ばれる二人の人物にとって、大きな出来事があった。まず、シュリーマン。貿易商として成功したドイツ生まれのハインリッヒ・シュリーマンは、一八七一年トロイの遺跡発掘に成功し、世界を驚かせた。そして、津田梅子。一八七一年に出発した岩倉欧米使節団の中に、当時満六歳の津田梅子が含まれていた。前項でも触れたが、女子留学生五人のうちの一人として、その後十一年にわたる米国留学に向かったのだ。

ちなみに、津田梅子は新暦一八六四年十二月三十一日、江戸牛込の生まれとされるが、シュリーマンはその翌年、清国に続いて日本を訪れている。明治維新にさかのぼること四年、まだ攘夷の動きが強く残る時期だったにもかかわらず、彼は横浜の外国人居留地だけでは飽き足らず、江戸の町も探訪している。梅子の父親津田仙は、英語の能力を買われて当時外国奉行に勤めていたので、ひょっとするとシュリーマンとどこかでニアミスしていたかもしれない、などと想像が膨らんでしまうところだ。

異文化の実体験と「肌感覚」

この二人、私自身にとっては「異文化への希求」、そして「実体験」「肌感覚」というキーワードでつながる人物でもある。

『シュリーマン旅行記　清国・日本』（講談社学術文庫）を読むと、シュリーマン自身の「中国、日本という未知の国をこの目で見たい。そして、その文化を理解したい」という強い思いが伝わってくる。他人が書いたものを読んだり、話を聞いたりという間接情報では飽き足らず、実体験し、その体験を自分自身の感覚として持ちたいということだ。

例えば、江戸探訪。彼が日本を訪れた一八六五年は、先に述べた通りまだまだ攘夷の動きが残っており、欧米外交官の多くも江戸をいったん離れ、横浜の居留地に住んでいた。しかし、シュリーマンは江戸をこの目で見たいという思いを抑えがたく、例外的に江戸に残っていた米国の代理大使に頼み込んで招請状を出してもらい、同年六月二十四〜二十九日の間、江戸見物に出かけた。

そこでの見聞は、旅行記の丸々一章を成している。警護の幕府役人の反対を押し切って芝居見物に出かけては、演劇のレベルの高さに感心し、町を歩いては日本家屋とその内部を詳細に観察し、日本人の園芸愛好ぶりに感心する。

あるいは、（往来から中がよく見えるほど開け放たれていた）銭湯が男女混浴なのに驚愕しながらも、「これは、日本人がヨーロッパ的な道徳観念を有していないというだけで、一方的にその良し悪しを判断すべきではない」という旨の感想をもらした。また、貧富を問わない毎日の入浴習慣から、「日本人が世界で一番清潔な国民であることは議論の余地がない」とまで褒めてくれている。

同書の別の章は日本文明論に当てられているが、少なくとも彼自身が自分の「日本論」を、前述のような実体験と「肌感覚」に即して組み立てたことは間違いないように思える。もともと商人であったシュリーマンは、いわば一種の「現地現物」主義者なのだ。

六歳から十一年間、そして帰国後学位を取得すべく、さらに三年間の米国留学を果たした津田梅子。彼女も実体験を通して、異文化の「肌感覚」を身につけた人物であることは言うまでもない。彼女の場合、自ら得た知見と「肌感覚」から、欧米と日本の女性の置かれた立場の違いをもたらす大きな原因の一つが、女子高等教育制度の有無にあると看破した。結果的にそれが、華族女学校の教師という恵まれた立場を捨てて、日本初の女子高等教育の場、女子英学塾を設立することにつながる。

新興国と日本の間での異文化理解

さて、一八七一年という年に大きく歴史に登場するシュリーマンと津田梅子。この話は、当時の先進国（欧米）と新興国（日本）の間での異文化理解が、結果的に双方向で進んでいたという話でもある。シュリーマンの日本（そして中国）文化の理解。津田梅子の米国（そして欧州）文化の理解。これが、同じような時期に進行していたわけだ。

ここのところ、金融危機のあおりで新興国経済も大きな影響を受けており、新興国に対しての興味がやや下がってきているように思える。しかし、中長期的に見れば、新興国、特に中国とインドが世界経済の大きな部分を占めるようになることは間違いない。

そもそもAD（紀元後）一年頃から十九世紀初頭まで、世界GDPの半分前後を両国の合計が占めていた（以下、アンガス・マディソン著『経済統計で見る世界経済2000年史』〈柏書房〉による）。産業革命、そして欧米列強による植民地化といった流れの中で、一九五〇年には世界の九％までその地位が低下していたが、今また二割を超えるところまで復活してきている途上だ。

資本・知識のグローバル化が続く限り、両国の一人当たりのGDPは先進国に近づき続けるだろうし、両国の膨大な人口を考えればいずれ、欧米を上回る経済規模になることは不可避だろう。

ついつい我々日本人は、明治維新以来の欧米バイアスがあり、両国を「ずっと昔の先進国」という目で見がちだ。しかし、彼らの相対的重要度の着実な復活、日本の地理的ポジションなどを考えると、現在の、そしてこれからの両国の文化について再度理解を深めることが、両国とビジネスを深めていくうえでどうしても必要なはずだ。また彼らにも、日本の社会・企業の文化風土をもっと理解してもらう必要がある。

やや大げさな物言いを許していただけるならば、現在の中国・インドの文化について「肌感覚」を持つ〝二十一世紀のシュリーマン〟を日本人の中に求め、一方、中国・インドにあっては日本文化に対する「肌感覚」を持つ〝二十一世紀の津田梅子〟作りを手伝う。これが今、日本、そして日本企業に求められているのではなかろうか。

（二〇〇八年十二月）

南極で生死を分けたリーダーシップ

南極点近くに、米国が管理する極地研究の基地がある。このコラムを書いている二〇〇七年九月四日現在は、南半球の冬。基地周辺の温度は摂氏マイナス六十七度、強風による体感温度の低下も勘案すると、なんとマイナス九十七度という極低温の地である。二十世紀初頭にこの南極点を目指した二人の探検家がいた。彼らにちなんで、この米国基地は、アムンセン・スコット基地と呼ばれている。

ご承知のように、この二人は同時期に南極点を目指していたが、アムンセンが一九一一年十二月十四日に先に極点到着。「人類初の南極点到達」という成果を上げ、無事スタート地点に帰り着いた。一方、スコットも翌一月十七日に到着したものの、帰路猛吹雪の中、探検隊全員が遭難するという事態になった。

栄光と悲劇、この対照が強烈な印象を残したからだろうか。米国の極点基地は、異邦人（アムンセンはノルウェー人、スコットは英国人）の名を、しかも一番手と二番手、両方の名前を併せ冠している。

両者の明暗を分けたものとは

日本でも、この二人に対しての興味は高かったようだ。記憶が定かではないが、昔、教科書にも彼ら二人の探検の話が取り上げられていたような気がするし、ジャーナリストの本多勝一氏は『アムンセンとスコット』（朝日新聞社）という著書の中で、両者の探検について詳細に比較している。

私が読んだ中で最も興味深かったのは、西堀栄三郎氏による二人のリーダーシップの違いについての解釈だ（前述の『アムンセンとスコット』の単行本版に収められ、また、その骨子は西堀氏の『創造力』〈講談社〉という著書の中で紹介されている）。

西堀氏によれば、リーダーシップのあり方のさまざまな違いが、両者の明暗を分けたという。西堀氏はその中でも、「極地探検への情熱」「チーム運営手法」「徹底的な準備と細部へのこだわり」「楽観から来る平常心」などについての違いを、重要な要素として挙げている。本多氏の『アムンセンとスコット』に見られる両部隊の具体的活動に照らし合わせてみると、なるほどと頷《うなず》かされる部分が多い。

例えば、チーム運営手法の違い。英国海軍軍人であるスコットが、軍隊式の上意下達型の組織管理を行っていたのに対し、アムンセンはメンバーのやる気と創意工夫を生み出すようなチームワーク重視型の運営手法をとっていたという。

アムンセンは、探検の成否を分ける装備品について各メンバーから改良のための知恵を求め続け、ゴーグルについては「改良コンテスト」まで実施したらしい。西堀氏の述べている「チーム運営手法」と「細部へのこだわり」が好循環になっており、まるで日本企業のQC活動のようである。

トヨタの「現地現物」に通じるアムンセンのやり方

「徹底的な準備」という点で見ると、アムンセンの移動手段（犬ぞり）へのこだわりとそれに基づく準備は、スコットのそれと大きく異なっている。アムンセン隊は、北半球から南半球への航海の間に、そりを引くエスキモー犬を徹底的に労《いた》わり、赤道を越える間に、多くの犬を失いかねないところを、九十七匹から百十六匹に増やした。

そのうえで、南極到着後は犬ぞりの訓練に明け暮れた。この訓練は、基地周辺での練習にとどまらない。極点探検をする場合には、極地に向かう道中各所に食料貯蔵地点（デポ）を作る必要があるのだが、そのための遠征も犬ぞりを実地使用する訓練として考え、三回にわたって行っている（スコットは、一回のみ）。また、この三回の遠征で、衣類やテントなどの備品についてもさまざまな改善点を見いだし、実際に改良を加えている。

スコットの方は、過去犬ぞりで失敗した経験もあり、馬ぞり、エンジンのついた動力そり、そして犬ぞり、という三種類の移動手段を持ち込んだ。豊富な資金力に支えられた一種のリスクヘッジのように見受けられるが、実際には、南極の気候の中で使ってみると予想外のことが起こり、新しい手段は次々と駄目になっていった。

まず、先発隊が乗った動力そりは、エンジンが過熱してしまい使い物にならなくなってしまった。この結果、人間が重さ三百五十キログラムのそりを押すという羽目に陥っている。ちなみに、アムンセン隊のそりは、犬十数頭で引いていた。人間が押すそりとのスピード差は相当なものだっただろう。

また、スコット本隊が主力としていた馬ぞりは、馬が大量のマグサを必要とし荷物を大幅に増やしてしまううえ、馬同士のスピードに大きな差があって、部隊としての一体行動に支障が出てきてしまった。さらに、馬たちは結局、次第に弱ってしまい、往路の途中で十頭すべてが駄目になっている。

トヨタ自動車の「現地現物」ではないが、現場での実際の経験を大事にし、その結果から学び続けるアムンセンのやり方は、これまた日本企業の経営手法に通じる感がある。

組織を不安に陥れるリーダーの悲観的態度

さて、長々と西堀氏の見方を紹介してきたが、私自身は、現在の経営者にとって、最も参考になるのは、アムンセンの「楽観」そしてそれに支えられた「平常心」ではないか、と思う。

初めての南極極地踏破と同様に、日本企業の多くは、環境の激動で先が見えない状況にある。「将来が読めない」という環境下では、人は不安にとらわれ、下手をすると「このままでは駄目だろうが、新しいことも怖くてできない」という状態になりがちだ。

仮に何か事を起こせたとしても、不安感いっぱいという状態では平常心を失い、普段なら起こさないような単純なミスをしでかしてしまうことも多い。ただでさえ不安な時にリーダーが悲観的だと、組織のメンバーが予想外の事態に対応できなくなったり、ポカミスを犯したりする危険性はさらに高くなる。

スコットは、大変真面目な人物だったようだが、楽観的とはとても言えない。ようやく極点に到達した際の日記に、「極点、、神よ、ここは恐ろしい土地だ」と記しているぐらいだ。彼の悲観的な態度が、何らかの形で部隊全体の行動に悪影響を与えたとしても、不思議ではない。

逆に、組織をこういった「不安症候群」に陥らせないために最も有効なのは「楽観的で」「明るい」リーダーの存在だ。アムンセン隊は極点に向かって最後のアタックに入る際、アムンセンが「どうだね。出発しようか」と軽い調子で言うと、メンバーは「待ってました。そろそろやりましょうや」と返答したという。

極点に到着した際にも、厳しい重量制限から禁じられていたはずのたばこや葉巻をメンバーが取り出し、たばこ好きのアムンセンに吸わせてやった。こういった「チームの明るい雰囲気」と、それをもたらした「リーダーの楽観的態度」を物語るエピソードは枚挙にいとまがない。

また、アムンセンは常に平常心を失わず、探検途中でたびたびピンチに見舞われた時も焦るそぶりを見せなかった。当然、チーム全体としても、平常心で事に当たれたのだろう。

無責任に聞こえるかもしれないが、日本経済と社会が中長期的に「先が読めず、不安感に満ちている」状況を鑑みると、日本のリーダー層にとって、「楽観的で」あること、そして「組織全体を明るく」することは、何にも増して大事なのではなかろうか。

楽観的で、みんなの気持ちを明るくするリーダーあってこそ、先が見えなくとも「新しいやり方を試す」気にもなるし、縮み志向でかえって失敗を繰り返すということも避けられるのだから。

（二〇〇七年九月）

3章

新しい組織とリーダー像

島田紳助のすごさ

『紳竜の研究』というＤＶＤがある。そう、漫才の紳助・竜介の紳竜だ。彼らの全盛期の演目をＤＶＤ化したものに加えて、紳助が、漫才師志望の吉本の後輩たちに対して、「プロの芸人とは何か」「売れるためには何が必要か」「どのようにして、自分の（芸人やタレントとしての）価値を上げていくか」といったことについて講義した内容も入っている。この後者の中身が、大変面白い。

例えば、売れるために必要な「ＸとＹの法則」というものが語られる。「競争の中で勝ち残り続けるには、『他とは違う自分独自の特色（＝Ｘ）』と『世の中のトレンド（＝Ｙ）』を、どう合致させるかが大事。凡百の一発屋が消えていったのは、Ｙが変化しているのに気づかず、それに応じて、自分のＸを進化させきらなかったから」――。まるで、企業の競争戦略そのもののような話が、具体例を交えて、実に説得力を持って語られる。

ちなみに、漫才の世界で勝ち上がる過程では、（当時の先輩芸人が取り上げていなかった）若者の生活・行動をネタにしたうえで、従来にはない「スピード感」で語る漫才を作り上げ、差別化を果たしたとのこと。

当然、このためには、それまでにあるさまざまな芸風を分析し、そのうえで自分ならではのXを考えたに違いない。そして、社会に新しく生まれてきているYを、これまた分析的な視点で把握して、XとYの接点の作り方を考え出す、という作業も行われたはずだ。

非言語的な「いわく言い難い」部分がある話芸の世界で、ここまで、分析的・論理的なアプローチをとった芸人は、さほど多くなかろうし、自分自身の方法論を「言語化」して、他人に伝える能力を持った人は、さらに少なかったに違いない。

島田紳助さんは、漫才ブーム終焉後も、さまざまな形で第一線で活躍し続けている。何かの番組で拝見しては「この人は、随分頭のいい人だろうな」と思っていたが、このDVDを見て、「この人は、只者ではない」という思いを強くした次第。

先輩の漫才を一語一句ノートに書き写した

さて、島田紳助さんが駆け出しの頃にやっていた具体的な分析作業は、「自分から見て、この人はすごい」と思う先輩の漫才を、逐一ノートに書き写すというテープ起こしの作業だったらしい。自らの手で一語一語を書き出す。そのことによって初めて、笑いを生む構造や、押す・引くのバランス感などが明示的にわかる、ということらしい。

おそらく、先ほどの「XとY」の戦略も、この「テープ起こし」の話も、「後から考えてみると、こういう価値がある」という部分はあるのだろうが、それにしても、自分自身の能力アップと勝ち残りのために、「自分の頭で考え、自分自身の方法論を作り上げていく」姿勢は、素晴らしい。

ご本人いわく、「才能がなければ、どうにもならないが、努力しなければ、本当に才能があるかどうかもわからない」分野だけに、自分のキャリアを作るために必死で知恵を絞ることの価値が大きいのだと思う。

自分で知恵を絞らなければ始まらない

ここのところ、いろいろな形でクライアント企業の次世代経営層作りをお手伝いする機会が増えている。この中で感じるのは、「自らのキャリアのために、自ら知恵を絞り、方法論を編み出す」ことの重要性だ。

『使う力』という拙著の冒頭でも述べたことだが、優秀な経営者の方々には、「人間力」「経営知識」「使う力」「業界・自社知識」の四タイプの能力が備わっている。もちろん、各企業が置かれた環境の変化とともに、経営者に求められるものも異なってくるのだが、この四タイプの能力を一定以上持っていることは、どんな場合でも必要だと思う。

我々がお手伝いする次世代経営層作りも、座学的なものから、人事ローテーションの仕組みを作って「修羅場」を数多く経験してもらうものまで、さまざまな形で、この四タイプの能力を身につけてもらおう、という趣旨のものだ。少しでも早く、一人でも多くの経営者候補を育成したい、という現経営層の意思で、こういった機会を作る企業は、どんどん増えている。

ところが、こういった機会を与えられても、伸びる人と伸びない人には大きな差がある。紳助さんの言ではないが、「才能がなければ、どうしようもない」というミもフタもない部分はあろうが、どうやらその前の段階で「自らの知恵を絞らずに、与えられた機会を、受け身にとらえる」という例が多そうなのだ。

自分自身を磨く方法論を模索するプロ芸人

経営者というのは、極めて属人的な「機能」であり、どんな場合も、自分自身に合った形で、ありたい姿を描き、そこに向かっていかなければならない。人の作ってくれた

「型」にはまるだけでは、モノの役に立たない。

また、環境変化に応じて、ある企業のトップに求められるものも次第に変化していく。現在のトップの背中を見て、真似をするだけでは、次の時代に全く即さないスタイルになってしまうかもしれない。ことほどさように、経営者になる、ということは、必ず「カスタムメイド」の部分があるわけだ。

経営側が、いくら旗を振って次世代経営層作りを進めても、機会を与える以上のことはできない。最終的には、肝心の本人が「自分の頭で、自分自身と環境を冷静に分析し、自分なりのキャリア戦略を考える」ことがないと、「カスタムメイド」の経営者は生まれてこない。

日本の報酬制度の中で、「経営者になること」自体の魅力が低下しているのかもしれないが、「経営者になって、こういうことを達成したい」という強いアスピレーション（志）を持ち、「そのために自分自身の能力育成とキャリア作りを戦略的に考える」という人たちが、もっともっと出てきてくれれば、と思う。そういう方たち同士の切磋琢磨《せっさたくま》と、経営側による「意図的な機会付与」が組み合わさって初めて、「強い日本企業再構築」が可能になるのだから。

漫才やその他の「芸」と言われる世界の人たちは、プロとして、自分自身を磨く方法論を模索し続けている。経営者（とその候補）の方々も、「経営という芸」を磨く方法論を探し、実践していく旅を生きている。この意味においては、類似するところがあるだろう。

経営者（とその候補）の皆さんも、たまには他の世界、例えば「紳竜の研究」でも見て、参考にしてみるのも面白いかもしれません。

（二〇〇七年十一月）

「極端な創造者」を生かすプロデューサー
――イノベーション実現を支える「扇の要」

イノベーション論議が華やかだ。政治、行政、そして経済論壇で、イノベーションについて、さまざまな議論がなされている。もちろん企業でも同様で、成長の二大原動力であるイノベーションとM&Aを「いかにうまくやるか」について、経営の重要課題として取り組んでいる例はあまたある。

産学協同や知的財産戦略といったイノベーションの「アイデア」に関しての議論、あるいは、理数系教育の充実、個人への発明の対価の分配といった「インフラ」に関しての議論、こういった論点の重要性については、全く異論がない。しかし、もう一つ、企業の中でのイノベーション実現のために見落としてはならない側面があると思う。それは、イノベーションを達成する「人」の側面、特にチームを率いる「プロデューサー」の重要性だ。

個人だけでは達成しがたいイノベーション

企業の成長性を左右するような「イノベーション」は、ほとんどの場合チームでなされている。複数のスペシャリストを一つにまとめ、ビジネスの成功をもたらす「チームリーダー（プロデューサー）」なしには、優れた技術も大きなキャッシュリターンを生むことはない。

イノベーション論の名著と言われる『イノベーションのジレンマ』の中に、既存の技術とモデルを一挙に陳腐化させる「破壊的イノベーション」の例が示されているが、このレベルのイノベーションは、誰か個人が新しい技術を発明したり、あるいは新事業のモデルを考えついたりしただけでは、到底実現しない。

具体的には、デジタル写真（既存技術たる銀塩写真に対して）、携帯電話（固定電話に対して）、マイクロタービン・燃料電池などの分散発電（既存の電力会社に対して）、企業内大学（ビジネススクールに対して）、血管形成術（心臓バイパス手術に対して）などが、破壊的イノベーションの例として挙げられている。

（ちなみに、これらの既存技術・モデルは、破壊的イノベーションによって、完全に息の根を止められたわけではない。しかしながら、既存技術・モデルを有する企業から破壊的イノベーションが登場しなかった背景には明白な理由がある、というのが同著の主要な論点である。お読みになった方も多いだろうが、念のため）

これらの製品・技術や仕組みは、複数の個人、それも多くの場合、スペシャリストたちが集まったチームが形成され、チームがある方向に向かって、営々とした努力を続けた結果、初めて大きなインパクトを生み出したものだ。

アイデアとビジネスをつなぐ

こういったチームを成功に導くには、技術スペシャリストだけではなく、チーム内部をまとめ、外部と交渉し、そして最終的なビジネスとしての成功に向けて引っ張っていくプロデューサー役が不可欠だ。

アイデア（あるいは事業のタネ）を考えつく創造性あふれる人々は、その創造性ゆえに、ビジネスとしての組み立てを考えるうえで、非現実的な解に固執しがちである。

随分前の話だが、ボストン・コンサルティング・グループで、いわゆるクリエーターと呼ばれる人々がスペシャリストとして活躍し、大ヒットを生み出している分野を調査したことがある。その際に明らかになったのは、大成功したビジネスの陰には、必ずと言っていいほど、「極端に創造的な人々」を生かすプロデューサーが存在したことだ。

有名な例を挙げると、ハリウッド映画「ダイ・ハード」シリーズのプロデューサー、ローレンス・ゴードン氏。編集者として、「Dr．スランプ」「ドラゴンボール」の鳥山明氏ほか多くの漫画家を発掘し、彼らの作品を大ヒット商品に育て上げた、「少年ジャンプ」の鳥嶋和彦氏などがいる。また、ロールプレイングゲーム「ドラゴンクエスト」は、エニックスの福嶋康博氏が実質的に「プロデューサー」役を果たして生み出された。

こういったクリエーティブな分野だけでなく、技術の分野でも、あるいはネット系などの事業開発の分野でも、「創造的な人々＝イノベーションのリーダー」ということにはならない。

「アイデア」をビジネスレベルに持ち上げるために、執念を持って、クリエーター役を引っ張り、市場での成功に必要な資金調達をはじめ、外部との交渉・調整を引き受け、そして何より「最終的には、自分が結果に責任を取る」というリーダー、すなわちプロデューサー役が必要である。

しがらみを振り切る

特に、クリステンセン流に言えば「成功している既存企業が、なかなか自らの技術・モデルを陳腐化させるイノベーションを生み出せない」という状況の中で、既存ビジネスのしがらみを振り切って新しい技術・モデルを生み出していくには、既存組織の指揮命令系統とは切り離したポジションたる「プロデューサー」の存在が有効になる。今までの組織体制から一歩離れた立ち位置にいることが、スペシャリストたちの創造性をビジネスに昇華するうえで役に立つわけだ。

面白いことに、クリエーティブな業界の中には、次第にプロデューサーの外部化が進んだものがある。例えば映画の分野では、創成期には、監督も脚本家もカメラマンも、そして俳優たちも、みな映画会社の社員だった。プロデューサー役は社内の経営層が引き受けていたが、次第にプロデューサーという専門家が生まれてきた。

そして、映画産業の斜陽化とともに、固定費削減の観点から、監督も俳優も、そしてプロデューサーも、みな外部化され、一本ごとに契約されるようになってきた。また、投資リスクを分散するためにも、外部プロデューサーが資金調達の責任を担うという形式も次第に広がってきた。

一般企業に当てはめると、まずは、組織上事業部門から切り離したプロデューサーを置く（例えば、新規プロジェクトを社長や持ち株会社に直結させ、そのリーダーにプロデューサーとしての責任権限を与える）。そして、次のステップで、成功して結果を出したプロデューサーは、いわばプロデュース業の専門家として次々とプロジェクトを担当する（新規事業あるいはイノベーション案件のリーダーとしての経験を蓄積させ、能力をさらに高めるとともに、その能力をフルに企業として使いきる）。

さらに、もっと進めば、プロデューサーが独立して、一定のリスクを自分が背負う形もあり得る（例えば、子会社をＭＢＯによってスピンオフし、親会社だけでなくプロデューサーも出資する）。

もちろん、必ずしも最後の段階まで進める必要があるわけではないが、少なくとも大きなイノベーションを企図する会社ならば、以下の段階までは、実行すべきではないだろうか。

①　プロデューサーという機能を明確に認知し、自社なりの定義を行ったうえで、その重要性について、経営層で意思統一を行う。

②　プロデューサー候補となる人材を洗い出し、経営レベルでその人事管理を行う（既

存組織による囲い込みを行わせない)。

③　既存の組織から切り離した形で、重要なイノベーション案件について、結果責任をとるプロデューサーという役割を配置する。

尊敬されるキャリアパスとして確立するか

プロデューサーというのは、いわばミニ経営者だ。したがって、一定の結果を出したプロデューサーが経営トップを目指すキャリアパスに入っていっても不思議ではない。これが、プロデューサーを目指す人々にとっての、一つのキャリアパスであり、目標にもなろう。

ただし、大企業、特に複数のビジネスラインを有する企業の場合には、巨大な組織を統治し、経営していく独特の経営能力が必要となる。こういった企業の場合、全社の経営を行う能力と、プロデューサー的な個々のイノベーションを形にしていく能力とが一致するとは限らない。

こう考えていくと、「プロのプロデューサー」として、複数の企業のイノベーション実現を請け負っていくキャリアパスが登場してくるのかもしれない。ベンチャーキャピタルが有望な技術を持つベンチャー企業に経営者を送り込む、というのに近いイメージだ。

いずれにせよ、プロデューサーが尊敬されるキャリアパスとして確立された時、日本企業のイノベーション成功率が高まっているに違いないと信じている。

（二〇〇七年二月）

オーケストラかジャズか、新しい組織形態を求めて

組織のタイプを表す例えとして、「オーケストラ型組織」と「ジャズコンボ型組織」という言葉がよく使われる。

オーケストラの場合、指揮者というリーダーの指示に従って、メンバー全員が演奏を繰り広げる。楽譜そのものの解釈も指揮者が行うわけで、一人のリーダーが多数のメンバーを率いる「一対N」型の組織形態だ。

一方、ジャズコンボの場合、たとえバンドのリーダーがいたとしても、演奏はプレーヤー間の（たいていの場合、非言語的な）コミュニケーションで進行していく。アドリブの部分は、リーダーの解釈や指示ではなく、プレーヤー自身の考えに沿って進行し、往々にして他のプレーヤーの演奏によって、さらに新しい展開が生まれる。いわば、「N対N」型のフラットな組織形態とも言えよう。

時代が求めるジャズコンボ型組織

二つのタイプを企業組織に当てはめて語る場合、オーケストラ型を規律重視の従来型組織形態、ジャズコンボ型を独創性重視の新しい組織形態、として捉える向きが多い。

労働や資本の投入量ではなく、知識やアイデアのぶつかり合いから生まれるイノベーションが企業の競争力を決めるようになるにつれ、リーダー個人の力量に依存するオーケストラ型組織の限界が見えるようになってきた。リーダー個人では、どんなに頑張ってもすべての現場情報をリアルタイムで把握することはできず、最新のマーケット状況から乖離した情報を基に意思決定を下さざるを得ない。

一方、ジャズコンボ型ならチーム内の複数のメンバーの創意工夫が活用でき、1＋1が3になるようなイノベーションも生まれやすい。また、組織の構成員それぞれが入手する最新情報をチームに還元することで、市場の進化と組織の内部論理のズレを極小化することもできる。

組織管理の効率性からは非常に良くできていたオーケストラ型組織ではあるが、前述のような考え方から、少なくとも一部はジャズコンボ型組織の要素を取り入れるべきだ、とか、クリエーティブな仕事に従事するプロジェクトチームは、できる限りジャズコンボ型で運営すべきだ、とかいった論が多い。

確かに、組織論上、一理あるし、ネットを中心とした情報交換コストの大幅な低下を考えると、企業の枠を超えても、ジャズコンボ型組織が優位性を持つ場面も考えられそうだ。

周到な準備とプロデューサーが即興性を生む

ジャズ史に大きな足跡を残してきたブルーノート・レーベルは、一九三九年にニューヨークで誕生した。数々の名盤で知られるブルーノートだが、一九五〇年代、六〇年代のその輝きは群を抜いている。

マイルス・デイビス、バド・パウエル、セロニアス・モンク、ホレス・シルヴァー、アート・ブレーキーなどなど、ジャズの巨人の多くが、この時代にブルーノートにアルバムを残した。そして、そのほとんどが、数人のメンバーのコンボによるものだ。

では、そのコンボは、どうやって組成されたのか。もちろん、リーダーになるアーティストが常々一緒にやっているバンドメンバーを連れてきたものも多いが、相当数のアルバムは、ブルーノートのオーナーであり、プロデューサーであったドイツ人、アルフレッド・ライオンのキャスティングによってメンバーが決められたらしい。

中山康樹さんの『超ブルーノート入門』（集英社新書）には、一九五六年十一月二十五日録音のハンク・モブレー・セクステット（メンバーは、リー・モーガン、ドナルド・バード、ハンク・モブレー、ホレス・シルヴァー、ポール・チェンバース、チャーリー・パッシブの六人）のアルバムについて、以下のように記されている。

「これがライオンの典型的なレコーディング方法だ。まずミュージシャンの人選に当たる。その人選と楽器編成に見合ったオリジナル曲を用意させ、リハーサルを繰り返し、本番に備える」

「ブルーノートのマジックは、こうして描かれた青写真にスタジオにおける予期せぬハプニングで彩りをほどこして生み出される。『仕組まれたもの』と『仕組まれざるもの』、それが高度なレヴェルにおいて融合されたなかにブルーノートの『永遠』がある」

この最後のくだりは、同書の中で私が最も好きな個所なのだが、優れたジャズコンボについて、その本質の一つを鋭く指摘している。たとえ、即興性が非常に重視されるジャズであっても、そのベースとなる部分は、きちんと準備されているのだ。

優れたイノベーションは、実力あるメンバーをある独自の組み合わせで集め、十分な準備とリハーサルを済ませたうえで、初めて可能となる。ミュージシャン同士のクリエーティブなぶつかり合いは、こういった周到な準備、そして何よりもそれを企画し、人選し、リードするプロデューサーの働きこそが、ベースにあって可能となるのだ。

最初に述べたオーケストラ型組織とジャズコンボ型組織の対比論では、ややもすると、ジャズコンボ型組織の利点だけを述べることが多い。しかし、ジャズコンボ（例えば、プロジェクトチーム）に、何をミッションとして与え、何を達成させるのか。どういうメンバーを集めることで、どういう新しいことが可能となるのか。こういった根本的な「準備」をするプロデューサーの必要性と重要性については、忘れられがちだ。

ジャズコンボ型組織へのシフトが進んだとしても、企業のリーダーたる経営者の役割の重要性は、高まりこそすれ、減ずることはない。ジャズコンボ型組織が最大限の結果を生み出せるように「準備」し、環境を整えることが、経営者の新たな仕事となるのだ。

特に、チームの「ミッション設定」「目的明確化」「メンバー選定」、この三つについては、人任せにできない。重要なプロジェクトになればなるほど、経営者自身がこの三つに深くかかわり、自ら判断を下していかねばならない。

逆説的だが、トップダウン中心のオーケストラ型からシフトすればするほど、「自分以外の他人が、最も活躍できるように、準備をする」ことに長けた経営者ほど、成功する確率が高くなる、ということになる。

いでよ、スーパープロデューサー

この三つのうち、ミッション設定と目的明確化は、オーケストラ型の組織でも経営者の仕事として、常に最初に行うべきことだ。

問題は、メンバー選定である。オーケストラの場合でも、一定の技術を有し、指揮者が考える音楽を実現する能力のあるメンバーを選定することは、当然必要となる。ただし、この場合、あくまで自分が指導し、一緒にやっていく、という前提でのメンバー選定だ。

ところが、ジャズコンボの場合、メンバー同士がどうかみ合い、あるいは、ぶつかり合って、新しいものを生み出すのか、そのグループダイナミクスを事前に読んでおかないと、メンバー選定ができない。このレベルまで、メンバーのことをわかっている、というのは、企業組織の中では相当難しい。

やろうとすると、限られた人数の範囲内で、「ジャズコンボ」のメンバー候補者をまず選び出しておき、その後、経営者自身が彼らについて、深く把握するための時間を使う、という仕組みが必要となる。具体的には、次世代経営者候補のプールを作ったり、彼らと（ジャック・ウェルチがやったように）研修を通じて、何度も深く触れ合う機会を作る、といったことだ。

アルフレッド・ライオンのようなスーパープロデューサーは、一朝一夕には生まれてこない。アルフレッド・ライオンも、一九二〇年代にジャズに「はまり」、一九三九年に自分のレコード会社で初録音、そして一九五〇年代に黄金時代を迎える。

もちろん経営の場では、こんな長期間をかけてプロデューサー修業をするわけにはいかない。しかし少しでも早く、「ジャズコンボのプロデューサー」としての役割を意識して実行していけば、やがてその経験が累積され、名プロデューサーが生まれていくことだろう。

これから十年あるいは二十年経った時に、「日本では二十一世紀初頭から次々に『ジャズコンボのプロデューサー』としての名経営者が生まれた」と言われるようになっていればなあ、と心底思っている。

（二〇〇七年十月）

ジャズコンボ型リーダーになるのは本当に難しい

少し前にこのコラムで、オーケストラとジャズの話を書いたところ、いろいろなところでご感想やご意見をいただいた。企業の付加価値が、次第に「人間の知恵」の生かし方に集約してきていることから、多くの方の関心をひいたのだと思う。ありがとうございました。

さて、その中でも触れたが、組織やリーダーシップのあり方を、オーケストラとジャズに例えて考え直す、というのは、目新しい話ではない。そういう論考のおそらく最初のものの一つに、ボストン・コンサルティング・グループの前々ＣＥＯ、ジョン・クラークソンが一九九〇年に書いた、"Jazz vs. Symphony"という小論がある。

この主要な論点は、以下の二点だ。

①（より知識集約型になりつつある現代企業では）指揮者が統率するオーケストラ型のリーダーシップではなく、ジャズ型のリーダーシップが必要になってきた。

②ジャズ型リーダーシップの要諦は、メンバーの個性と潜在能力を存分に発揮させる

ことにある。

私のコラムも、これを踏まえたうえで次のようなことを述べた次第だ。

③ジャズ型の場合、まず、（ジャズコンボのリーダー選定も含め）どういうメンバーを選び、どう組み合わせるか、というプロデューサー機能が最も重要となる。

④したがって、意味のあるメンバー選択を可能とするために、経営者が中核人材を深く知り、理解することに時間を使うことが必要となる（経営者自身がジャズコンボのリーダーになるとは限らない）。

命令型のリーダーと奉仕型のリーダー

前述の論点②については、その後もいろいろと面白い議論がなされている。代表的なのは、「サーバント・リーダーシップ」という考え方だ。ジェームズ・ハンターの同名の書（ＰＨＰ研究所）や、神戸大学の金井壽宏先生と元資生堂社長の池田守男さんが出された本をお読みになった方も多いだろう。サーバント・リーダーシップの定義方法はいろいろあろうが、要は「命令型のリーダーではなく、奉仕型のリーダーが、人を育て組織を強くする」という考え方である。

「人間の知恵」を集約し、活用することで得られる付加価値が重要になればなるほど、その「人間たち」が、自分のポテンシャルを最大限発揮し、自己実現する手助けをすることが、リーダーの究極の仕事となる。そのためには、「命令型」で有効だとされてきたやり方とは異なるスタイル・仕事のしかたを、一から学び直す必要がある。こういった論が、ジェームズ・ハンターが小説形式で語りたかったことだろう。

確かに、知識労働者は、自分自身の能力アップとそれが十分に活用されることで、自己実現感を持つ人が多い。最近、私自身の会社のリクルーティングで会う大学生・大学院生の人たちからも、「自分を伸ばし、生かしてくれる」場を求める強い気持ちが伝わってくる。この意味で、日本においても、サーバント・リーダーシップが求められるようになってきてはいるのだろう。

あえて自分自身の利を捨てられるか

一方、こういう流れを見ていると、ふと「これは本当に難しいな」と思うこともある。そもそも、サーバント・リーダーシップ、ないしは（自分がジャズコンボのメンバーにならない形で他人を生かす）プロデューサー型の経営者像は、必ず無私の部分を伴う。自分自身のやりたいことを捨ててでも、他人を生かし、チームを最高のパフォーマンスに導くのだ。

もっと言うと、リーダーではなく、チームメンバーの立場であっても、あえて自分自身の利を捨てて、全体のパフォーマンス向上に貢献することが求められる。

サッカーやアメリカンフットボールといったチームスポーツを考えてみれば、すぐおわかりだろう。他人にシュートを打たせるため、相手のディフェンスを引きつけるプレーヤー。ランニングバックが走り抜けることができるように、文字通り身を捨てて、ディフェンダーをブロックするプレーヤー。彼らなしには、チームの勝利はおぼつかない。

知識集約社会の中で、優秀な人々は、自己の能力発揮（とそれに伴う自己実現）を大きなモチベーション要因として、キャリアを送る。その彼らが、リーダーシップをとるようになって、突然「無私」の奉仕型のスタイルを求められてしまう。あるいは、優秀な人を集めようとするあまり、地味に「利他」の仕事を黙々とこなす人が、チームの中に入ってこなくなってしまう。こういう一種「究極の矛盾」を乗り越えるのは、そう簡単ではなさそうだ。

本来、「知的能力発揮」と「チーム・他人への奉仕」というのは、対立する概念ではないので、一人の人間の中で両立できるはずだ。だが、社会の中で前者が強く要求されるあまり、後者も同時に必要となる機会が足りないのかもしれない。少なくとも、両方を目指します、という就職希望者にはなかなかお目にかかれないのが現実だ。

企業の中で次世代リーダーを育成する段階で、こういった「矛盾の超克」を図るだけでは、どうも解決は難しい気がする。もっと若い時、例えば中学生・高校生の段階から、「多様かつ知的に優秀なチームを、時には自らを殺してでも、効果的にマネージする」ことの重要性を、そして、そのためのセルフコントロールとコミュニケーション術を教え込む必要があるのではなかろうか。

日本が、「同質かつ全員滅私奉公」型のチームだけではなく、「多様かつ相互に自己実現を助け合う」チームを多数作れるようになれば、国としての競争力は、まだまだ相当期間保たれるのではないかと思う。

正直なところ、自分自身、こういったスキルを十分にマスターできていないので、今からでも、若い人たちと一緒に試行錯誤しながら学んでいきたいと考えている。皆さんも、ご一緒にいかがですか？

（二〇〇七年十二月）

おわりに

吉田健一、丸谷才一、植草甚一。

伊丹十三、玉村豊男、松山猛。

そして、寺田寅彦や中谷宇吉郎、などなど。


自分の書棚を覗いてみると、気に入って追いかけた作家の随筆、エッセーの類が、数多く並んでいる。

十代後半くらいから、ちょっとひねったモノの見方や、独特のユーモア感覚を感じさせてくれる随筆、エッセーが大好きで、これは今でも変わらない。

中でも、理路整然とではなく、あちこち寄り道しながら、「へえ、なるほどな」と思わせてくれるものに出会えた時は、しみじみとした幸せな読後感が残る。

日経ビジネスオンラインから連載のお話をいただいた時、自分でも「狭義の経営分野にとらわれない、楽しめるビジネス・エッセーを書いてみよう」と思い立ち、勇んで取り掛かってみた。

ところがところが、「少しひねったモノの見方」だの「独特のユーモア感覚」、あるいは「なるほど、につながる寄り道」というのは、言うは易くであって、実際に書くのは本当に難しい。

音楽を一生懸命やっていた頃、「良い演奏と駄目な演奏の違いが聴き分けられる」レベルまで耳は育ったのに、「自分で納得できる音が出せる、演奏できる」というレベルまで腕がついてこない、という時期が続いた。

これは、なかなかに辛いものだったが、今回も、同じような感覚である。

結局のところ、「企業の内側に閉じた経営論よりは、少しだけ広めの話題」について、「付和雷同ではない程度のモノの見方」で、ただし「かなり生硬なスタイルで」コラムを書き継いでいくことになった。

単なる仕事、あるいはやむを得ず時間を使う対象として、経営を捉えるのではなく、周辺も含めて、ゆったり眺め、考えを致してみる、というのは、大変に楽しい作業だ。

本書は、読者の皆さんがその楽しみを味わううえで、刺激剤の一つにはなれるかな、というのが、甘めの自己評価だが、このあたりは、諸兄姉の判断にお任せするしかない。忌憚のないご評価を賜れば、と思う。

本書が出来上がるまでの過程では、さまざまな皆さんのお世話になった。

コラム執筆のきっかけを作り、途中で尻を叩いてくださった日経ビジネスオンライン編集部の皆さん、株式会社ヴルガーレの真角暁子さん、ボストン・コンサルティング・グループの満喜とも子さん。

いつかは一緒に本を作りましょう、と長期間、粘り強く待ってくださった日本経済新聞出版社の赤木裕介さん。

そして、小学校の頃から「本だけはツケで買っても良い」と読書好きに育ててくれた両親にも、感謝を捧げたいと思う。

いつかは、エッセイストとしての前座修行を終え、名実共に楽しめるビジネス・エッセーを書けるようになろう。この思いを胸に、今しばらくは呻吟《しんぎん》しつつコラムを書き続け、時が来たら、また書籍にまとめていきたいと考えている。
どうか、その日まで、お見捨てなく、おつきあいくださいますよう、伏してお願い申し上げます。

二〇〇九年五月　著者記す

本書は日経ビジネスオンラインに連載中の
「御立尚資の『経営レンズ箱』」に加筆・修正を行ったものです。
http://business.nikkeibp.co.jp/

御立尚資（みたち・たかし）
ボストン・コンサルティング・グループ日本代表。
京都大学文学部卒、ハーバード大学経営学修士（MBA）取得。
日本航空を経てボストン・コンサルティング・グループ入社。
事業戦略、グループ経営、M&Aなどの戦略策定および
実行支援、経営人材育成、組織能力向上などの
プロジェクトを多数手がけている。
BCG Worldwide Executive Committee（経営会議）のメンバー。
テレビ東京「ワールドビジネスサテライト」コメンテーター。
主な著書として『戦略「脳」を鍛える』（東洋経済新報社、2003年）
『使う力』（PHPビジネス新書、2006年）がある。

経営思考の「補助線」

2009年6月25日　1版1刷

著　者　御立尚資
発行者　羽土力
発行所　日本経済新聞出版社
〒100-8066
東京都千代田区大手町1・9・5
電　話　(03) 3270・0251
http://www.nikkeibook.com/

印刷・製本／シナノ印刷
ISBN978-4-532-31462-0
Printed in Japan